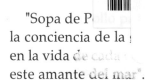

"Sopa de P... ...r de cambiar la conciencia de la ... ...ia sustancial en la vida de cada ... íntimo de este amante del mar".

Wyland
Artista acuático

"Los dos primeros libros de *Sopa de Pollo* enriquecieron enormemente mi vida. Aunque parezca mentira, este *Tercer plato* tiene todavía más rico sabor que los anteriores. ¡Adelante, no dejen de tomarlo!"

Pat Williams
Gerente general de Orlando Magic

"*Sopa de Pollo para el Alma* es además un manjar para la mente y un estímulo para el corazón".

Norman Lear
Productor de televisión

"*Un tercer plato de Sopa de Pollo para el Alma* es sin duda alguna una mina de oro de ideas y de inspiración".

Thea Alexander
Autora del libro Año 2150

"*Un tercer plato de Sopa de Pollo para el Alma* puede o no curarle a uno el resfrío, pero sin lugar a dudas le abrirá el corazón. Estos relatos enaltecedores son justamente lo que el médico nos recomienda para aliviar nuestro estrés, elevar el espíritu y conectarnos con nuestra sabiduría sanadora y con la fuerza del optimismo".

Dra. Joan Borysenko
Autora de Espiritualizar el cuerpo,
curar la mente *y de* Fuego en el alma

"He aquí otra notable colección de poderosos y reanimadores relatos, llenos de ideas y de inspiración para la vida y el trabajo. Creo que este *Tercer plato* es el mejor de la serie de *Sopa de Pollo*".

Brian Tracy
Autor de La psicología del rendimiento

"¡Felicitaciones, señores jefes de cocina! El último plato de *Sopa de Pollo* que nos han servido contiene todos mis ingredientes predilectos: ingenio, sabiduría, comprensión e inspiración... y han sido magníficamente combinados. Quisiera *otro* plato, y otro, y otro más..."

Bob Moawad
Presidente y director ejecutivo del Edge Learning Institute

Un tercer plato de
SOPA DE POLLO
PARA EL ALMA

Nuevos relatos que conmueven el corazón y ponen fuego en el espíritu

Jack Canfield
y
Mark Victor Hansen

Health Communications, Inc.
Deerfield Beach, Florida
Web site: http://www.hci-online.com

Título original en inglés: *A 3rd Serving of Chicken Soup for the Soul*
Traducción: Edith Zilli - Revisión : Leandro Wolfson
Composición: Élisabeth Marchal

Editor: Health Communications, Inc.
3201 S.W. 15th Street
Deerfield Beach, FL 33442-8190

Diseño de tapa: Andrea Perrine Brower

Las historias son como seres vivos. Los invitas a vivir contigo, y a cambio de que seas un buen anfitrión te enseñarán lo que saben. Cuando estén listos para seguir viaje te lo harán saber. Entonces, pásalos a otro.

Un narrador algonquino

Dedicamos con amor este libro a los más de seis millones de personas que han leído y compartido los dos libros anteriores de *Sopa de Pollo para el Alma* con sus familias, amigos, socios comerciales, empleados, estudiantes y congregaciones, y a los más de cinco mil lectores que nos han enviado sus historias, poemas y citas para su posible inclusión en este *Tercer plato de Sopa de Pollo para el Alma*.

Si bien no hemos podido usar todo el material enviado, quedamos muy conmovidos por su sincero deseo de compartir algo de ustedes y de sus experiencias con nosotros y con nuestros lectores.

¡Cariños a todos!

Contenido

6. UNA CUESTIÓN DE ACTITUD

7. SUPERAR OBSTÁCULOS

8. SABIDURÍA ECLÉCTICA

Agradecimientos

Recopilar, escribir y corregir este tercer volumen de *Sopa de Pollo para el Alma* ha requerido más de un año de esfuerzo. Sigue representando una tarea de verdadero amor para todos nosotros, y quisiéramos agradecer a las siguientes personas su contribución, sin la cual este libro nunca habría visto la luz.

Peter Vegso y Gary Seidler, de Health Communications, por seguir creyendo en la idea y darnos todo su respaldo, a nosotros y a los libros.

Nuestras esposas Georgia y Patty, y nuestros hijos Christopher, Oran, Kyle, Melanie y Elisabeth, que no cesan de brindarnos su amor y su apoyo emocional, además de redactar y corregir los relatos. Apreciamos su ayuda sobre todo en esos momentos en que parece no surgir nada; con su fe y su estímulo, siempre surge.

Patty Aubery, quien, una vez más, pasó interminables horas mecanografiando y volviendo a mecanografiar el manuscrito y supervisando la última fase de producción del libro. Patty: ¡nunca habríamos podido hacerlo sin tu ayuda!

Nancy Mitchel, encargada de leer cada una de las historias enviadas, que trabajó un sinfín de horas y gastó energías hercúleas en manejar la maraña de autorizaciones que era preciso localizar y obtener para que este libro fuera una realidad.

Kim Wiele, que siempre nos brinda su importante opinión literaria y sugerencias para mejorar.

Angie Hoover, que mecanografió muchas de las historias y se encargó de casi todo el trabajo de oficina de Jack mientras terminábamos el libro.

Heather McNamara, que colaboró en la corrección y la mecanografía, como asimismo en las etapas finales de la obtención de permisos.

Kelly Apone, que mecanografió y corrigió muchas de las historias.

Larry y Linda Price, Laverne Lee y Michele Nuzzo, quienes, además de mantener en funcionamiento la Fundación para la Autoestima que dirige Jack, pusieron en marcha el proyecto de *Ollas de Sopa de Pollo para el Alma* y distribuyeron más de quince mil ejemplares entre los presos, personas sin hogar, beneficiarios de ayuda social, jóvenes en riesgo y otra gente necesitada, a lo largo y a lo ancho del país.

Lisa Williams, por hacerse cargo una y otra vez de los negocios de Mark a fin de que él pudiera dedicarse a la tarea de terminar este libro.

Trudy, de Office Works, Wanda Pate y Alice Shuken, que mecanografiaron el primer borrador del libro en tiempo récord y con muy pocos errores. ¡Muchas gracias!

Christine Belleris y Mathew Diener, nuestros editores de Health Communications, por sus generosos esfuerzos para llevar este libro a un alto grado de excelencia.

Dottie Walters, que siguió creyendo en nosotros y constantemente nos presentó a personas que podían contarnos alguna historia.

Las más de cinco mil personas que sometieron historias, poemas y otros textos a nuestra consideración: todos ustedes saben quiénes son. Aunque la mayoría de sus contribuciones eran maravillosas, algunas no tenían cabida en la estructura general de este libro. Pero muchas de ellas serán usadas en futuros volúmenes de *Sopa de Pollo para el Alma*.

También queremos agradecer a las siguientes personas, quienes leyeron el primer borrador—muy tosco, con más de doscientas historias—, nos ayudaron a hacer la selección final y contribuyeron a mejorar el libro con sus inapreciables comentarios: Steve Andreas, Kelle Apone, Gerry Beane, Michael y Madonna Billauer, Marsha Blake, Rick Canfield, Taylor y Mary Canfield, Dominic y Linda Cirincione, Kate Driesen, Jim Dyer, Thales Finchum, Judy Haldeman, Patty Hansen, Jennifer Hawthorne, Kimberly Kirberger, Randi Larsen, Sandy y Phil Limina, Donna Loesch, Michele Martin, Hanoch y Meladee McCarty, Ernie Mendes, Linda Mitchell, Christian Hummel, Cindy Palajac, Dave Rabb, Martin Rutte, Marci Shimoff, Susan Sousa, Carolyn Strickland, Diana von Welanetz Wentworth, Dottie Walters, Lilly Walters, Harold Clive Wells (coautor con Jack de *100 Ways to Enhance Self-Concept in the Classroom*), Kathie Wiele, Niki Wiele, Martha Wigglesworth y Maureen Wilcinski.

Y a las siguientes personas, que contribuyeron de otras muchas e importantes maneras: Tricia Serfas; John Hotz, de Economics Press, por ayudarnos siempre que lo hemos necesitado; Brian Cavanaugh, que fue la fuente de muchas de las citas usadas; Trevor Dickinson, por las muchas que nos envió; Pam Finger, cuyo boletín es una constante fuente de inspiración para nosotros; Jillian Manus, por los informes sobre escritores rechazados que perseveraron y se hicieron famosos; Bob Proctor, por proponernos tantas historias; Ruth Stotter, por su maravillosa colección de citas sobre narraciones y narradores; Dena Sherman, del BookStar de Torrance, California, por estar siempre disponible cuando teníamos una duda en nuestra investigación, y por ayudarnos a conseguir algunas de las autorizaciones que necesitábamos; y Arielle Ford y Kim Weiss, nuestros publicistas, que nos dieron la posibilidad de difundir nuestra palabra por radio y televisión.

Dada la magnitud de este proyecto, estamos seguros de haber omitido los nombres de muchas personas muy importantes que nos ayudaron a lo largo del camino. Ustedes saben a quiénes nos referimos. Acepten, por favor, nuestras disculpas por la omisión; los apreciamos de todo corazón por su solicitud y sus esfuerzos. Estamos realmente agradecidos a las cuantiosas manos que se nos tendieron para hacer posible este libro. ¡Los queremos a todos!

Introducción

Dios creó al hombre porque ama las historias.

Elie Wiesel

De corazón a corazón, estamos encantados de ofrecerte *Un tercer plato de Sopa de Pollo para el Alma*. Este libro contiene más de cien historias que, sin duda, te inspirarán y motivarán para amar en forma más incondicional, vivir con pasión y empeñarte en realizar tus sueños. Este libro te apoyará en los momentos de desafío, frustración y fracaso, y te consolará en épocas de confusión, dolor y pérdida. Se convertirá realmente en un compañero para toda la vida, y te brindará clarividencia y sabiduría en muchos de sus aspectos.

Creemos que estás a punto de leer un libro extraordinario. Nuestros dos primeros libros: *Sopa de Pollo para el Alma* y *Un segundo plato de Sopa de Pollo para el Alma,* han conmovido a más de seis millones de personas en todo el mundo. Los centenares de cartas que recibimos cada semana nos hablan de los milagros de transformación que han experimentado individuos y organizaciones después de leer y usar estos libros. Nos dicen que el amor, la esperanza, el estímulo y la inspiración que encontraron en estas historias han influido profundamente en sus vidas.

Una historia puede echar luz sobre nuestra relación con los otros, despertar compasión, producir una sensación de maravilla o reforzar el concepto de que "estamos todos juntos en esto". Una narración puede hacernos reflexionar sobre el porqué de nuestra presencia aquí... Una anécdota puede conmovernos al hacernos reconocer una nueva verdad, proporcionarnos una nueva perspectiva, una nueva manera de percibir el universo.

Ruth Stotter

Después de que llegara a nuestro conocimiento cómo influyó nuestro primer libro en tantas personas, estamos más convencidos que nunca de que las historias son una de las formas más poderosas de transformar la vida. Un relato va directamente a nuestro inconsciente. Establece patrones para vivir. Ofrece soluciones a nuestros problemas de todos los días y presenta modelos de conducta que funcionan. Nos recuerda nuestra naturaleza grandiosa y las infinitas posibilidades de que disponemos. Nos arranca de la rutina cotidiana, nos invita a soñar y nos incita a hacer y ser más de lo que habríamos creído posible. Nos recuerda qué es lo que más importa y constituye la expresión de nuestros más altos ideales.

Cómo leer este libro

Este libro puede leerse de corrido, de un tirón. Mucha gente lo ha hecho así, con buenos resultados. Sin embargo, te recomendamos que lo leas lentamente, tomándote todo el tiempo para saborear cada historia como un vaso de buen vino: de a pequeños sorbos, que te den tiempo para reflexionar sobre los significados y repercusiones de estos relatos en tu vida. Si te tomas tu tiempo, descubrirás que todos y cada uno de ellos alimentan en profundidad al corazón, la mente y el alma de diferentes maneras.

Una vez, un zuni preguntó a un antropólogo que anotaba cuidadosamente un relato: "Cuando le cuento estas cosas, ¿usted las ve o sólo las escribe?".

Dennis Tedlock

En inglés, la palabra story (historia, relato) viene de storehouse (depósito). Por lo tanto, una historia es un depósito. En verdad hay cosas depositadas en una historia; lo que tiende a guardarse allí es su sentido.

Michael Meade

Todos los relatos de este libro contienen posibles significados para tu vida. Tómate tiempo para reflexionar sobre ellos, y para discernir el sentido más profundo que puedan tener para ti.

En realidad, no aprendemos nada de nuestra experiencia. Sólo aprendemos al reflexionar acerca de ella.

Robert Sinclair

Muchos de estos relatos, al conocerlos por primera vez o cuando nos fueron propuestos, tenían al final una moraleja predigerida o recetas para vivir. En la mayor parte de los casos hemos suprimido la moraleja y la prédica, a fin de presentar las historias en sí mismas y dejar que cada lector extraiga de ellas su propio sentido.

Un discípulo se quejó una vez a su maestro:

—Usted nos cuenta historias, pero jamás nos revela su significado.

—¿Te gustaría que alguien te ofreciera fruta y la mordisqueara antes de dártela?—le respondió el maestro.

Fuente desconocida

Comparte estas historias con otros

Las historias pueden enseñar, corregir errores, iluminar el corazón y la oscuridad, brindar refugio psíquico, ayudar al cambio y curar heridas.

Clarissa Pinkola Estes

¡Qué regalo es una historia!

Dianna MacInnes

Algunos de los relatos que leerás te incitarán a compartirlos con una persona amada o un amigo. Cuando alguno te toque en lo más hondo del corazón, cierra los ojos aunque sea por un breve instante y pregúntate: "¿Quién necesita escuchar esta historia en este momento?". Puede venirte a la mente alguien a quien estimes. Hazte de tiempo para acercarte a esa persona y llámala para compartir el relato. Compartir la historia con alguien a quien aprecias será como recibir algo desde lo más profundo de ti mismo.

Piensa en compartir estos relatos en el trabajo, en la iglesia, templo o sinagoga, y también en casa, con tu familia.

Los relatos son peldaños en la senda hacia la iluminación espiritual.

Ruth Stotter

Después de relatar una historia, explica cómo te afectó y qué fue lo que te impulsó a compartirla con otros. Y lo que es más importante: que estos relatos te inviten a comunicar tus propias historias.

Leer, contar y escuchar las historias de cada uno puede ser un motivo de transformación. Los relatos son vehículos poderosos que liberan nuestras energías inconscientes para sanar, integrar, expresar y crecer. Cientos de lectores nos han contado que los dos primeros libros de *Sopa de Pollo para el Alma* les abrieron las compuertas de la emoción y provocaron una profunda participación grupal. Los miembros de la familia comenzaron a recordar y relatar sus experiencias importantes y lo hicieron en la mesa, a la hora de cenar, en la reunión familiar, en la clase, en el grupo de apoyo, entre los feligreses de la iglesia y hasta en los lugares de trabajo.

Para los navajos, el valor de una persona radica en las historias y canciones que conoce, porque es ese conocimiento el que vincula al individuo con el pasado del grupo.

Luci Tapahonso

Pastores, rabinos, psicólogos, consejeros, instructores y coordinadores de grupos de apoyo han comenzado y terminado sus sermones, reuniones y sesiones de asesoramiento con relatos sacados de este libro. Te invitamos a que hagas otro tanto. La gente está hambrienta de este alimento para el alma. Lleva muy poco tiempo y puede ejercer una influencia enorme.

También te invitamos a que cuentes *tus propias* historias a quienes te rodean. Puede que la gente necesite escucharlas. Como muchos relatos de este libro lo indican, el tuyo puede incluso salvar una vida.

Las historias son regalos de amor.

Lewis Carroll

A lo largo de los años, mucha gente nos ha brindado inspiración con sus relatos, y a todos les estamos agradecidos. Confiamos en poder inspirarte para que vivas y ames con mayor plenitud. Si lo logramos, habremos tenido éxito.

Finalmente, nos gustaría conocer tus comentarios sobre este libro. Por favor, escríbenos contándonos cómo te afectaron estas historias. También te invitamos a formar parte de nuestra maravillosa "red de sostén espiritual" enviándonos tus relatos.

Las historias son como el oro de las hadas: cuanto más se da, más se tiene.

Polly McGuire

Envíanos cualquier historia o poesía que consideres que deberíamos incluir en futuros volúmenes de *Sopa de Pollo para el Alma*. En la página 247 encontrarás nuestra dirección. Esperamos recibir noticias tuyas. Hasta entonces, ojalá disfrutes leyendo *Un tercer plato de Sopa de Pollo para el Alma* tanto como hemos disfrutado nosotros al prepararlo, escribirlo y corregirlo.

Jack Canfield y Mark Victor Hansen

$\overline{\underline{1}}$

DEL AMOR

El amor todo lo conquista.

Virgilio

Una promesa cumplida

La cita a la que iba era muy importante; se había hecho tarde y estaba completamente perdido. Dominando mi orgullo masculino, comencé a buscar un lugar donde pedir información; una estación de servicio, tal vez. Dado que había cruzado la ciudad de una punta a la otra, el indicador de combustible me indicaba que quedaba poco y el tiempo apremiaba.

Delante del cuartel de bomberos, noté el reflejo ambarino de una luz. ¿Qué mejor lugar para averiguar una dirección?

Bajé rápidamente del auto y crucé la calle hacia allí. Las tres puertas del edificio estaban abiertas de par en par y por ellas se veían las rojas autobombas con sus puertas abiertas, los cromos relucientes, a la espera del momento en que sonara la campana.

Una vez dentro, me invadió el olor del cuartel. Un olor mezcla de mangueras que se secaban en la torre, enormes botas de goma y cascos. Aquel vaho, mezclado con el de los pisos recién lavados y los camiones lustrados, producía ese misterioso aroma típico de todos los cuarteles de bomberos. Aminoré el paso, respiré hondo y, al cerrar los ojos, me sentí transportado a mi niñez, al cuartel de bomberos donde mi padre trabajó durante treinta y cinco años como jefe de mantenimiento.

Miré hacia el fondo del cuartel y allí estaba, lanzando chispas doradas al cielo, el poste de incendios. Cierto día, mi padre dejó que mi hermano Jay y yo nos deslizáramos dos veces por el poste. En el rincón del cuartel se encontraba el deslizador que usaban para meterse debajo de los camiones cuando los reparaban. Mi padre solía decir: "Agárrate", y me hacía girar una y otra vez hasta que me sentía mareado como un marinero borracho. Era más divertido que ningún juego de hamacas voladoras que yo hubiera conocido.

Junto al deslizador había una vieja máquina expendedora de Coca-Cola, con el logo clásico de la marca. Todavía proveía esas botellitas verdes originales, pero ahora costaban treinta y cinco centavos en lugar de diez, como entonces. Las visitas al cuartel de papá siempre culminaban con un paseo hasta la expendedora, lo cual representaba una botella de gaseosa para mí solo.

Cuando tenía diez años fui con dos amigos al cuartel para lucirme con mi papá y para sacarle algunas gaseosas. Después de mostrarles el cuartel a los chicos, le pregunté a papá si podíamos tomar una bebida cada uno antes de volver a casa para almorzar.

Ese día detecté una leve vacilación en la voz de papá, pero respondió: "Cómo no", y nos dio a cada uno una moneda de diez centavos. Corrimos hasta la máquina expendedora para ver si alguna botella tenía la tapa con la estrella grabada adentro.

¡Qué día de suerte! Mi tapita tenía la estrella. Me faltaban sólo dos más para ganar la gorra de Davy Crockett.

Después de dar las gracias a papá, salimos rumbo a casa para almorzar y pasar la tarde estival nadando.

Aquel día volví temprano del lago; al entrar en el

vestíbulo oí que mis padres estaban hablando. Mamá parecía disgustada con papá. Y escuché que pronunciaba mi nombre.

—Tendrías que haberles dicho que no tenías dinero para gaseosas. Brian habría comprendido. Esa plata era para tu almuerzo. Los chicos deben entender que no tenemos dinero de sobra y tú necesitas comer.

Papá, como de costumbre, se encogió de hombros.

Antes de que mi madre supiera que había escuchado la conversación, subí corriendo las escaleras hasta la habitación que compartía con mis cuatro hermanos.

Di vuelta mis bolsillos; la tapa de la botella que había causado tantos problemas cayó al suelo. Mientras la levantaba, dispuesto a ponerla con las otras siete, me di cuenta del sacrificio que esa tapa había significado para mi padre.

Esa noche hice una promesa de compensación: algún día podría decirle a papá que supe del sacrificio que hizo aquella tarde, y tantos otros días, y que jamás lo olvidaría.

Papá sufrió el primer ataque al corazón cuando aún era joven, a los cuarenta y siete años. Pienso que el ritmo que impuso a su vida, trabajando en tres lugares distintos para mantenernos a los nueve, fue demasiado para él. La noche en que mis padres cumplían sus bodas de plata, rodeados por toda la familia, el más grande, fuerte y ruidoso de todos nosotros mostró la primera grieta en la armadura que, de chicos, creíamos impenetrable.

Durante los ocho años siguientes mi padre continuó presentando batalla; llegó a sufrir tres ataques cardíacos, hasta que terminó con un marcapasos.

Una tarde, su vieja camioneta azul se descompuso y él me llamó para que lo llevara al médico, a hacerse el control anual. Al entrar en el cuartel vi afuera a mi padre con todos sus compañeros, arracimados alrededor de una flamante camioneta Ford color azul brillante. Comenté que era muy linda y papá me dijo que pensaba tener algún día una camioneta así.

Soltamos la risa. Ése había sido siempre su sueño... y parecía inaccesible.

A esa altura de mi vida me iba bien en los negocios, lo mismo que a mis hermanos. Ofrecimos comprarle la camioneta entre todos, pero él lo expresó con toda claridad:

—Si no la pago yo, no me parecerá mía.

Cuando papá salió del consultorio, supuse que el aspecto gris y pastoso de su cara se debía a tantos pinchazos y sondeos.

—Vámonos—fue todo lo que dijo.

Al subir al auto comprendí que algo andaba mal. Viajamos en silencio; yo sabía que papá me diría a su modo cuál era el problema.

Hice un rodeo hasta el cuartel. Pasamos frente a nuestra vieja casa, el campo de juegos, el lago y el negocio de la esquina; mi padre comenzó a hablar del pasado y de los recuerdos que cada uno de esos lugares le traía.

Entonces supe que se estaba muriendo.

Me miró e hizo un ademán afirmativo con la cabeza.

Comprendí.

Nos detuvimos en la heladería Cabot para tomar un helado juntos, por primera vez en quince años. Y hablamos, ¡cuánto hablamos ese día! Me dijo que estaba orgulloso de todos nosotros y que no tenía miedo de morir. Su temor era dejar sola a mi madre.

Me reí entre dientes. Nunca había visto a un hombre tan enamorado de su mujer como mi papá.

Ese día me hizo prometer que no diría a nadie lo de su muerte inminente. Accedí, aun sabiendo que ése sería uno de los secretos más difíciles de guardar.

Por entonces, mi esposa y yo estábamos a la búsqueda de un auto o una camioneta nueva. Como mi padre conocía al vendedor de una concesionaria, en Wayland, le pregunté si podía acompañarme para ver qué tipo de vehículo podía conseguir si entregaba el viejo como parte de pago.

Cuando entramos en el salón de ventas, descubrí a papá mirando una hermosísima pick-up marrón chocolate metalizado, completamente equipada. Lo vi deslizar la mano por el vehículo, como un escultor que inspeccionara su obra.

—Creo que tengo que comprar una camioneta, papá. Quiero algo chico y de buen rendimiento.

Mientras el vendedor iba en busca de la patente provisoria, sugerí a mi padre que sacáramos la pick-up marrón para dar una vuelta.

—No estás en condiciones de comprar esto—me advirtió.

—Lo sé, y tú también lo sabes, pero el vendedor no—respondí.

Salimos a la ruta con papá al volante, riendo como dos chicos por la jugarreta que habíamos hecho. Condujo unos diez minutos, elogiando su andar, mientras yo jugueteaba con todos los botones.

Cuando volvimos al salón de exposición, sacamos una pequeña camioneta Sundower azul. Papá me dijo que esa camioneta era mucho mejor para ir y venir entre la ciudad y el suburbio, pues ahorraría mucha gasolina en mis largos recorridos. Estuve de acuerdo y, al volver, cerré trato con el vendedor.

Algunas noches después llamé a mi padre para preguntarle si no quería acompañarme a retirar la camioneta. Creo que, si aceptó tan de prisa, fue para poder echarle una última mirada a "su" pick-up, como él la llamaba.

Al frenar en el patio del concesionario, vimos mi

pequeña Sundower azul con el cartel de "Vendido". Al lado estaba la pick-up marrón, bien lavada y reluciente, con otro gran cartel de "Vendido" en la ventanilla.

Miré de reojo a mi padre y vi la desilusión dibujada en su rostro.

—Alguien va a llevarse una hermosa camioneta —comentó.

Me limité a asentir, mientras le decía:

—Papá, ¿quieres entrar y decirle al vendedor que vuelvo en cuanto estacione el auto?

Al pasar junto a la camioneta marrón, mi padre deslizó la mano por la superficie; volví a ver su expresión decepcionada.

Llevé el auto hasta el lado opuesto del edificio y, por la ventanilla, observé a ese hombre que lo había dado todo por su familia. Vi que el vendedor lo hacía entrar y le entregaba el juego de llaves de su camioneta (la marrón), explicándole que yo la había comprado para él, y que sería un secreto entre los dos.

Papá miró por la ventana y nuestros ojos se encontraron; los dos asentimos, riendo.

Esa noche, cuando papá llegó en la camioneta, yo estaba sentado a la puerta de mi casa. Le di un gran abrazo, lo besé, le dije cuánto lo quería, y le recordé que ése era un secreto entre los dos.

Luego salimos a dar un paseo. Papá me dijo que entendía lo de la pick-up. Lo que no entendía era qué significaba esa tapita de Coca-Cola, con una estrella en el centro, adherida al volante.

Brian Keefe

Dos monedas de cinco y cinco de uno

En épocas en que un helado sundae costaba mucho menos que ahora, un chico de diez años entró en la cafetería de un hotel y se sentó a una mesa. Una camarera puso un vaso de agua frente a él.

—¿Cuánto cuesta un helado sundae?

—Cincuenta centavos—contestó la camarera.

El niño sacó la mano del bolsillo y examinó las monedas que tenía en la palma.

—¿Y el helado común?—preguntó.

Ya había algunas personas esperando que se desocupara alguna mesa y la camarera estaba algo impaciente.

—Treinta y cinco centavos—dijo bruscamente.

El pequeño volvió a contar las monedas.

—Quiero el helado común—decidió.

La camarera trajo el helado, dejó la cuenta sobre la mesa y se alejó. Cuando terminó su porción, el chico pagó al cajero y salió. La camarera, al regresar para limpiar la mesa, tragó saliva ante lo que vio. Pulcramente dispuestas junto al plato vacío había dos monedas de cinco centavos y cinco de uno: su propina.

The Best of Bits & Pieces

La niña del helado

Eleanor no sabía qué le pasaba a su abuela. Siempre se olvidaba de todo: dónde había guardado el azúcar, cuándo vencían las cuentas y a qué hora debía estar lista para que la llevaran de compras al almacén.

—¿Qué le pasa a la abuela?—preguntó—. Era una señora tan ordenada... Ahora parece triste, perdida, y no recuerda las cosas.

—La abuela está envejeciendo—contestó mamá—. En estos momentos necesita mucho amor, querida.

—¿Qué quiere decir envejecer?—preguntó Eleanor—. ¿Todo el mundo se olvida de las cosas? ¿Me pasará a mí?

—No, Eleanor, no todo el mundo se olvida de las cosas cuando envejece. Creemos que la abuela tiene la enfermedad de Alzheimer y eso la hace más olvidadiza. Tal vez tengamos que ponerla en un hogar especial donde puedan darle los cuidados que necesita.

—¡Oh, mamá, qué horrible! Va a extrañar mucho su casita, ¿no es cierto?

—Tal vez, pero no hay otra solución. Estará bien atendida y allí encontrará nuevas amigas.

Eleanor parecía apesadumbrada. La idea no le gustaba

en absoluto.

—¿Podremos ir a verla con frecuencia?—preguntó—. La voy a extrañar, aunque se olvide de las cosas.

—Podremos ir los fines de semana—contestó mamá—. Y llevarle regalos.

—¿Un helado, por ejemplo? A la abuela le gusta el helado de frutilla—sonrió Eleanor.

La primera vez que visitaron a la abuela en el hogar para ancianos, Eleanor estuvo a punto de llorar.

—Mamá, casi toda esta gente está en silla de ruedas —observó.

—La necesitan; de lo contrario se caerían—explicó mamá—. Ahora, cuando veas a la abuela, sonríe y dile que se la ve muy bien.

La abuela estaba sentada, muy sola, en un rincón de lo que llamaban la sala del sol. Tenía la mirada perdida entre los árboles de afuera.

Eleanor abrazó a la abuela.

—Mira—le dijo—, te trajimos un regalo: helado de frutilla, el que más te gusta.

La abuela tomó el vaso de papel y la cucharita y empezó a comer sin decir palabra.

—Estoy segura de que lo está disfrutando, querida—le aseguró la madre.

—Pero parece no conocernos—dijo Eleanor, desilusionada.

—Tienes que darle tiempo—explicó mamá—. Está en un nuevo ambiente y debe adaptarse.

Pero la próxima vez que visitaron a la abuela sucedió lo mismo. Comió el helado y sonrió a ambas, pero no dijo palabra.

—Abuela, ¿sabes quién soy?—preguntó Eleanor.

—Eres la chica que me trae helado—dijo la abuela.

—Sí, pero también soy Eleanor, tu nieta. ¿No te acuerdas

de mí?—preguntó, rodeando con sus brazos a la anciana. La abuela sonrió levemente.

—¿Si recuerdo? Claro que recuerdo. Eres la niña que me trae helado.

De pronto, Eleanor se dio cuenta de que la abuela nunca la recordaría. Estaba viviendo en su propio mundo, rodeada de recuerdos difusos y de soledad.

—¡Siento mucho amor por ti, abuela!—exclamó.

En ese momento vio rodar una lágrima por la mejilla de su abuela.

—Amor—dijo—. Recuerdo el amor.

—¿Ves, querida? Eso es todo lo que desea—intervino mamá—. Amor.

—Entonces le traeré helado todos los fines de semana y la abrazaré aunque no me recuerde—resolvió Eleanor.

Después de todo, recordar el amor era mucho más importante que recordar un nombre.

Marion Schoeberlein

La niña ciega que pudo ver por arte de magia

Mi amigo Whit es mago profesional. Un restaurante de Los Ángeles lo contrató para hacer magia a corta distancia, caminando entre los clientes todas las noches. Un día, se acercó a una familia y, después de presentarse, sacó un mazo de cartas e inició su actuación. Dirigiéndose a una chica joven sentada a esa mesa, le pidió que eligiera una carta. El padre de la chica le informó que Wendy era ciega.

Whit respondió:

—Bien, me gustaría probar un truco, si ella no se opone. —Y luego, a la chica:—Wendy, ¿quisieras ayudarme con un truco?

Algo tímida, ella se encogió de hombros y dijo:

—Bueno.

Whit se sentó a la mesa, frente a ella.

—Voy a sostener en alto un naipe, Wendy, que será rojo o negro. Quiero que uses tus poderes psíquicos para decirme de qué color es la carta: si roja o negra. ¿Entendiste?

Wendy asintió.

—Wendy, esta carta ¿es roja o negra?

Después de un momento, la chica ciega contestó:

—Negra.

Y la familia sonrió.

Whit levantó el siete de corazones y preguntó:

—¿Ésta es una carta roja o una carta negra?

—Roja—replicó Wendy.

Luego Whit levantó una tercera carta, el tres de rombos, y preguntó:

—¿Roja o negra?

Wendy respondió sin vacilar:

—Roja.

Los padres sonrieron nerviosos. El hombre eligió tres cartas más y la respuesta fue siempre correcta. Era increíble: había acertado seis sobre seis. La familia no podía creer que tuviera tanta suerte.

—Wendy, quiero que me digas el valor y el palo de esta carta... Si es de corazones, rombos, tréboles o piques.

Al cabo de una pausa, Wendy contestó confiada:

—Es el cinco de corazones.

La familia, pasmada, ahogó una exclamación.

El padre preguntó a Whit si se trataba de alguna treta o si lo que hacía era verdadera magia.

—Tendrá que preguntarle a Wendy.

La chica contestó sonriente:

—Es magia.

Whit dio la mano a toda la familia, abrazó a Wendy, les dejó una tarjeta y se despidió. Había logrado crear un momento mágico que esa gente nunca olvidaría.

Por supuesto, la pregunta es: ¿cómo sabía Wendy el color de las cartas? Whit no la conocía; no pudo haberle dicho de antemano qué cartas eran rojas y cuáles eran negras. Y como Wendy era ciega, le era imposible ver el color o el valor de las cartas que él exhibía.

¿Qué sucedía, entonces?

Whit fue capaz de crear este milagroso "una-vez-en-la-

vida" mediante un código secreto y rapidez mental. Al comienzo de su carrera había desarrollado un código para pasar información de una persona a otra sin utilizar palabras, pero hasta esa noche no había tenido oportunidad de ponerlo en práctica. Cuando Whit se sentó frente a Wendy en la mesa y dijo: "Voy a sostener en alto un naipe, Wendy, que será rojo o negro", le tocó el pie por debajo de la mesa, una vez al decir rojo y dos veces cuando dijo negro.

Para asegurarse de que ella lo había entendido, repitió las señales secretas al decir: "Quiero que uses tus poderes psíquicos para decirme de qué color es la carta: rojo (un golpecito) o negro (dos golpes). ¿Entendiste?".

Cuando ella asintió con la cabeza, supo que la chica había entendido el código y quería seguirle el juego. La familia dio por sentado que su pregunta, "¿Entendiste?", se refería a las instrucciones verbales.

¿Cómo hizo para comunicarle a ella el cinco de corazones? Muy simple. Le dio cinco golpecitos en el pie para hacerle saber que era un cinco. Cuando le preguntó si la carta era de corazones, rombos, tréboles o piques, le hizo saber el palo golpeándole el pie al decir la palabra "corazones".

La verdadera magia de esta anécdota es el efecto que tuvo sobre Wendy. No sólo le dio una oportunidad de brillar por unos instantes y sentirse especial frente a su familia, sino que la convirtió en la estrella de su casa, puesto que los suyos contaron a todos los amigos lo de la maravillosa experiencia "parapsíquica".

Algunos meses después de este episodio, Whit recibió un paquete de parte de Wendy. Traía un mazo de naipes del sistema Braille. En la carta le agradecía por haberla hecho sentir tan especial y por ayudarla a "ver", aunque fuera durante unos minutos. Agregaba que aún no había explicado a su familia cómo hizo la treta, por mucho que ellos le insistían. Terminaba diciendo que le enviaba ese

juego de naipes Braille a fin de que pudiera inventar más trucos para ciegos.

Michael Jeffreys

Manuel García

Manuel García era un padre orgulloso, a quien el barrio conocía como un hombre trabajador. Tenía esposa, hijos, trabajo y un buen futuro: todo marchaba de acuerdo con sus planes.

Un día, aquejado de fuertes dolores de estómago, acudió a la clínica para averiguar la causa. Se descubrió que su cuerpo, ignorante del orden de las leyes naturales, albergaba tejidos cancerosos.

Fue así como Manuel García se internó en el sanatorio de la ciudad. De pronto, sus treinta y nueve años parecían caer como arena en la clepsidra.

—¿Qué alternativas tengo?—preguntó.

—Dos—fue la respuesta del médico—. Si no se hace tratar, su cáncer no tardará en ser fatal. Pero el tratamiento es doloroso y no puedo garantizarle nada.

Así se inició la odisea personal de Manuel: largas noches de insomnio en un aturdimiento de drogas, mientras el eco de los pasos en los largos corredores solitarios iba robándole sus minutos y sus horas. Saber que algo lo consumía desde dentro lo llenaba de desesperación. Ya había perdido veinte kilos por obra del cáncer; ahora las drogas le hacían perder el pelo.

Tras nueve semanas de tratamiento, el médico le dijo, en una de sus visitas:

—Manuel, ya hemos hecho todo lo que estaba en nuestras manos. Ahora el cáncer puede desaparecer o no. Nosotros no podemos hacer nada más. Todo depende de ti.

Manuel se miró en el espejo: un desconocido triste y asustado. Se vio pálido, arrugado, lleno de soledad y de miedo. Se sintió enfermo, aislado e indigno de amor: un hombre calvo, de apenas sesenta kilos. Imaginó a su Carmen viuda, a sus cuatro hijitos huérfanos; pensó en las veladas de los jueves, cuando se reunían en casa de Julio para jugar a las cartas, y en todas las cosas que habría querido hacer y no hizo.

Pasó algún tiempo.

El día en que iban a darlo de alta lo despertó un ruido de pasos que se arrastraban alrededor de su cama. Al abrir los ojos creyó que aún estaba soñando: allí estaban su esposa y cuatro amigos... completamente calvos. Parpadeó, incrédulo, ante esas cinco relucientes cabezas alineadas. Nadie había dicho una palabra. Segundos después, los seis rompían en una carcajada.

Rieron hasta las lágrimas, y en los pasillos del hospital resonaron las voces. "Lo hicimos por ti, patroncito—le decían sus amigos, mientras lo llevaban en silla de ruedas hasta el auto que habían pedido prestado—. Estamos contigo, ¿ves, compañero?"

Así volvió Manuel García a su barrio. Cuando bajó frente a su modesta vivienda, la cuadra le pareció demasiado desierta para ser domingo. Aspiró hondo, acomodándose el sombrero. Pero antes de que pudiera entrar, la puerta se abrió de par en par.

De inmediato se encontró rodeado de caras conocidas:

más de cincuenta personas amadas, parientes y amigos, todos con la cabeza completamente rapada, todos diciendo: "¡Te queremos!"

Manuel García, enfermo de cáncer, padre, esposo, amigo y vecino, sintió un nudo en la garganta.

—No soy dado a los discursos—comenzó—, pero hay algo que debo decir. Me sentía muy solo con mi calvicie y mi cáncer. Ahora, gracias al cielo, todos ustedes están aquí, conmigo. Que Dios los bendiga por darme la fuerza que necesito. Ojalá no olvidemos nunca lo que significa el amor.

David Roth

Sabor a libertad

*Si tu corazón es capaz de interesarse por el
prójimo, habrás triunfado.*

Maya Angelou

Estaba aterrorizada. Me iban a trasladar del Instituto
Correccional Federal de Pleasantown, California, al Insti-
tuto Correccional Federal de Mujeres de Lexington,
Kentucky, famoso por su violencia y su superpoblación.

Ocho meses antes me habían condenado por estafa
debido a mi participación en el negocio de mi padre. Desde
muy pequeña mi padre había abusado de mí física, mental
y sexualmente; por eso, cuando me pidió que ocupara el
lugar de mamá en el negocio familiar, vi la situación con los
ojos de aquella niña de cinco años, convencida de que
nadie podía ayudarla y de que no había escapatoria. No se
me ocurrió decir "No". Meses después, cuando los agentes
del FBI me preguntaron si la firma en los documentos era la
mía, procedí como lo hacía desde niña.

—Sí. No fue mi padre. Fui yo—dije.

Al declararme responsable del crimen, fui condenada a
cumplir mi sentencia en una prisión de máxima seguridad.

Antes de ir a la cárcel había intervenido en un programa para adultos sobrevivientes, donde comencé a curarme las cicatrices de mi infancia. Descubrí los efectos a largo plazo del abuso y supe también que algunos recuerdos y traumas podían desaparecer. Gracias al programa aprendí que la violencia, el caos y la hipervigilancia que imperaban a mi alrededor eran manifestaciones externas del caos que reinaba en mi mente; fue así como decidí cambiar. Empecé a leer libros llenos de verdad y sabiduría y a escribir sentencias para recordarme quién era yo en verdad. Cuando en mi mente oía la voz de mi padre que me decía: "No eres nada", la reemplazaba por la voz de Dios que afirmaba: "Eres mi hija amada". Día tras día, hora tras hora, fui cambiando mi vida con la fuerza del pensamiento.

Cuando me dieron la orden de empacar, creí que me transferían a una cárcel de seguridad mínima. Para evitar planes de fuga, nunca se dice a un prisionero adónde irá ni cuándo se efectuará el traslado. Yo estaba segura de que había cumplido mi período en una cárcel de máxima seguridad y merecía que me trasladaran a una de mínima.

Llegar al ICF de Lexington fue un verdadero golpe. Estaba aterrorizada, pero tuve una de esas inesperadas experiencias en que me sentía protegida por Dios. Cuando me llevaron a la unidad de alojamiento que me correspondía, descubrí que no tenía uno de esos nombres típicos de Kentucky, por ejemplo Gramilla, como la mayoría: se llamaba Renacimiento. ¡Nacer otra vez! Mi fe en Dios me dijo que allí estaría a salvo. Pero aún tenía mucho que aprender para renacer de verdad.

Al día siguiente me asignaron a un grupo de mantenimiento. Nuestro trabajo era fregar pisos, colocar placas de yeso y aprender otras habilidades de ese tipo, que nos servirían cuando nos reincorporáramos a la sociedad. El señor Lear, nuestro guardia, era también nuestro maestro.

Tenía algo extraordinario: era gracioso y amable. Por lo general existen sólo dos reglas entre un interno y un guardia: el interno no confía en el guardia, y éste no cree una palabra de lo que le dice su prisionero. Pero el señor Lear era distinto. Trataba de que el tiempo que pasábamos con él no fuera sólo informativo, sino también divertido. Nunca faltaba a las reglas, pero tampoco se esmeraba en amargarnos la tarea con sarcasmos o burlas.

Durante muchos días observé al señor Lear; noté que me miraba con una expresión rara. Eso me ocurría a menudo, porque yo tenía aspecto de ser lo que era: un ama de casa de un suburbio de Kansas. No tenía la imagen de una delincuente.

Un día, mientras los dos compartíamos un trabajo, se animó a preguntarme:

—¿Qué diablos haces tú en la cárcel?

Le dije la verdad. Escuchó con atención y quiso saber si mi padre también estaba preso.

Le contesté que no. No había ninguna prueba que lo incriminara; más aún, mis hermanos habían respaldado su versión de que yo mentía al hablar de su participación.

Esto pareció enfurecer al señor Lear.

—Entonces, ¿por qué eres tan feliz?—preguntó.

Comencé a compartir con él algunas de las sencillas verdades que estaba descubriendo: que la paz y la felicidad se encuentran dentro de uno mismo. Le hablé del verdadero sentido de la libertad, y de que era preciso creer antes de ver el resultado de esa fe.

Luego le hice algunas preguntas. ¿Cómo podía venir todos los días a dar clase para presos que no querían escuchar, pedirles que pusieran entusiasmo en un trabajo que no deseaban hacer? ¿Cómo era posible que fuera feliz y amable trabajando con gente que no deseaba estar en ese lugar, dentro de un sistema plagado de amargura y de furia?

El señor Lear admitió que resultaba difícil; tampoco era el trabajo que habría elegido. Me confió que su sueño era ser militar. Pero no se atrevía a realizarlo a costa de la seguridad que le daba el trabajo en la prisión, pues tenía esposa e hijos que mantener.

Le dije que ese deseo no habría existido en su corazón si no hubiera tenido alguna posibilidad de realizarse. Le aseguré que uno puede hacer cualquier cosa si realmente lo desea, y analicé con él los distintos grados de encarcelamiento que todos experimentamos.

Esas conversaciones se prolongaron muchas semanas, durante las cuales aumentó mi sensación de que con el señor Lear estaba a salvo. Era el único guardia que jamás se desquitaría conmigo de sus frustraciones personales y sus iras acusándome de insubordinación o desobediencia, asignándome tareas extraordinarias o apartándome de los demás, como suele suceder en las cárceles, sobre todo con las mujeres.

Por lo tanto, fácil es suponer lo triste y sorprendida que me sentí cuando, sin razón alguna que yo pudiera imaginar, un día se acercó a mí para decirme, con tono de enfado:

—Señora Rogoff: quiero que vaya a mi oficina, limpie bien lo que hay en cada estante y no salga de allí hasta que no haya terminado.

No tenía idea de qué podía haber hecho para disgustar de ese modo al señor Lear, pero no tenía más remedio que obedecer.

—Sí, señor—respondí ardiendo de humillación.

Me había herido en lo más vivo. Lo creía diferente, pensé que las conversaciones que manteníamos habían sido sinceras, pero por lo visto, para él yo era una prisionera más.

El señor Lear cerró la puerta tras de mí y se apoyó en

ella mientras vigilaba el pasillo. Después de secarme las lágrimas, eché un vistazo a los estantes. Entonces, una enorme sonrisa se me dibujó en el rostro. Estaban completamente vacíos, con excepción de un salero y un tomate, bien maduro y jugoso.

El señor Lear sabía que, en todo un año de cárcel, yo no había comido un solo tomate fresco. Además de traer subrepticiamente ese tomate de su propia huerta, el señor Lear me hizo de campana, es decir, vigiló para que ningún otro guardia pudiera descubrirme.

En mi vida comí un fruto tan delicioso como aquél.

Ese simple acto de gentileza, el hecho de tratarme como un ser humano y no como a un número, me ayudó a continuar en el camino de la curación. Ahora tenía la certeza de que mi estadía en prisión no era un accidente sino una oportunidad de cicatrizar en profundidad las heridas del abuso, a fin de poder ayudar a otros más adelante.

El señor Lear era mi guardián, pero también un amigo. No lo he vuelto a ver ni he sabido nada de él desde que salí de prisión, pero pienso en él cada vez que cosecho un tomate de mi huerta. Tengo la esperanza de que sea, en la actualidad, tan libre como yo.

Barbara Rogoff

En los ojos se ve la compasión

Fue hace muchos años, en el norte de Virginia, una gélida mañana de invierno. La barba del anciano que aguardaba para cruzar el río lucía perlada por la escarcha. La espera se le hacía interminable y el viento glacial del norte le había entumecido el cuerpo.

Oyó un lejano y firme ritmo de cascos que se acercaban al galope por el sendero helado. Eran varios jinetes que rodeaban la curva. El anciano, anhelante, dejó pasar al primero sin tratar de llamar su atención. Luego pasó otro y otro más. Al fin, el último jinete se acercó al lugar donde él estaba sentado, semejante a una estatua de nieve. Cuando estuvo cerca, el viejo lo miró a los ojos y le dijo:

—Señor, ¿tendría inconveniente en llevar a un anciano hasta la otra orilla? Por lo que parece, no hay manera de cruzar a pie.

—¡Cómo no!—replicó el jinete, sofrenando al caballo—. Suba.

Al ver que el viejo no podía levantar del suelo su cuerpo medio helado, el jinete desmontó para ayudarlo a subir. Después lo llevó, no sólo a la otra orilla, sino hasta su destino, algunos kilómetros más allá.

Cuando se acercaban a la cabaña, pequeña y acogedora, la curiosidad hizo que el jinete preguntara:

—Señor, he notado que dejó pasar a los otros jinetes sin hacer nada por pedir ayuda. En cambio, cuando llegué yo, no vaciló en pedirme que lo llevara. Me gustaría saber por qué, en una mañana tan cruda, esperó hasta el último jinete para pedir asistencia. ¿Y si yo me hubiera negado, dejándolo allí?

El anciano desmontó trabajosamente; luego miró al jinete a los ojos.

—Hace mucho tiempo que ando por estos lugares. Supongo que conozco bastante a la gente—explicó—. Me bastó mirar a los otros a los ojos para ver que mi situación no les interesaba. Pedirles que me llevaran habría sido inútil. Pero en usted vi amabilidad y compasión. De inmediato supe que su espíritu gentil apreciaría la oportunidad de asistirme en ese momento de necesidad.

Ese reconfortante comentario emocionó profundamente al jinete.

—Le agradezco mucho esas palabras—manifestó—. Quiera Dios que nunca, por muy ocupado que esté en mis propios asuntos, deje de atender a la necesidad ajena con amabilidad y compasión.

Con esas palabras, Thomas Jefferson hizo girar su caballo y emprendió el camino de regreso a la Casa Blanca.

Anónimo
Extraído de The Sower's Seeds, *de Brian Cavanaugh*

Calor en el corazón

Era una mañana de intenso frío en Denver. El clima parecía imprevisible. Primero, una ola más cálida dio a la nieve oportunidad de fundirse y correr, para desaparecer en las bocas de tormenta o escurrirse en silencio junto a las aceras, a través de los patios y bajo los cercos, hasta completar su desaparición en las zonas bajas. Después volvió el frío, multiplicado, trayendo una nueva capa de blanca precipitación que congeló cuanto restaba del previo ataque invernal, y lo escondió hasta convertirlo en una trampa helada para los transeúntes.

Era un día ideal para quedarse en casa, estar resfriado y esperar que mamá nos trajera un tazón de sopa. Para escuchar las noticias en la radio e imaginarse bloqueado por la nieve sin demasiados inconvenientes. Así habría debido ser.

Yo tenía que hablar en el Centro de Conferencias de Denver, ante unas doscientas personas que, como yo, habrían querido estar en casa, moqueando y esperando a mamá con su sopa caliente. En cambio, allí estábamos, reunidos en el Centro de Conferencias, sin poder hacer nada por el clima salvo hablar de él.

Necesitaba una pila para el micrófono portátil. Mal momento para caer en la pereza: no había traído repuesto. Como no tenía alternativas, decidí afrontar al viento, con la cabeza baja, levantado el cuello y chapaleando con mis zapatos de vestir, demasiado delgados.

A cada paso, la tela liviana de los pantalones se me pegaba al trasero. Me dije que mi madre nunca me habría dejado salir de casa vestido de esa manera.

A la vuelta de la esquina descubrí un anuncio indicando que a corta distancia había un quiosco. Si apuraba el paso con trancos más largos, tal vez habría podido llegar hasta la puerta y refugiarme del viento sin inhalar mucho ese aire que quemaba los pulmones. A los habitantes de Denver les gusta bromear con los de afuera diciéndoles que, en su ciudad, el frío del invierno es agradable.

—Es un frío mucho más seco—informan a los parientes que preguntan cómo es la vida en la ciudad.

¡Más seco, mi abuela! Es lo bastante frío como para que hasta las estatuas quieran mudarse. Y la humedad, poca o mucha, no resulta muy importante cuando tienes en el trasero una ráfaga del Ártico a sesenta kilómetros por hora.

En el interior del supermercado había sólo dos personas; una detrás del mostrador, con un distintivo que decía Roberta. A juzgar por su aspecto, ésta habría preferido estar en su casa, llevando a su hijito sopa caliente y palabras reconfortantes, en vez de malgastar el día atendiendo una avanzada comercial en el centro de Denver, casi desierto. Debía de ser una especie de faro, un refugio para los pocos necios que se arriesgaban a salir con ese frío.

El otro refugiado era un caballero alto, ya entrado en años, que parecía cómodo en ese ambiente. No aparentaba tener ninguna prisa por volver a cruzar el umbral y encontrarse de nuevo a merced del viento en esas aceras cubiertas de hielo. No pude menos que preguntarme si el anciano habría perdido el camino o el seso. Había que estar chiflado para salir a revolver la mercadería de un supermercado en un día como ése.

Pero no tenía tiempo para ocuparme de un viejo que había perdido el juicio. Necesitaba una batería: dos centenares de personas importantes, que tenían otras cosas que hacer en la vida, esperaban mi regreso al Centro de Conferencias. Nosotros teníamos algo en que ocuparnos.

De alguna manera el viejo se las arregló para llegar al mostrador antes que yo. Roberta sonrió. Él no dijo una palabra. Ella tomó los escasos artículos de la compra e ingresó los importes en la registradora. El viejo se había arrastrado por las calles de Denver por un miserable panecillo y una banana. ¡Craso error!

Un hombre en sus cabales habría postergado el panecillo y la banana hasta la primavera, para disfrutar la ocasión de vagar por las calles vueltas a la normalidad. Pero ese tipo no. Él había lanzado su viejo esqueleto al frío como si no hubiera un mañana.

Y tal vez no había un mañana. Después de todo, era bastante anciano.

Cuando Roberta hubo calculado el total, una vieja mano cansada se hundió en el bolsillo del gabán.

"Vamos—pensé— ¡Tú tendrás todo el día por delante, pero yo tengo que hacer!"

Como un garfio, la mano rescató un monedero tan vetusto como su dueño. Unas pocas monedas y un billete arrugado cayeron sobre el mostrador. Roberta lo manejó como si se tratara de un tesoro.

Ya depositada la escasa compra en una bolsa de plástico, sucedió algo extraordinario. Aunque su dueño no había dicho palabra, una vieja mano cansada se alargó lentamente sobre el mostrador; tembló por un momento antes de aquietarse.

Roberta abrió las asas de plástico de la bolsa y las deslizó suavemente por las muñecas del hombre. Los dedos pendían en el aire, torcidos y moteados con manchas de vejez.

Roberta ensanchó su sonrisa.

Recogió la otra mano fatigada y las sostuvo a ambas junto a su cara morena. Las calentó. Por encima y por debajo. Luego, por ambos lados.

Después alargó la mano para tironear de la bufanda, que se estaba descolgando de los hombros anchos, aunque encorvados, y la ciñó al cuello del anciano, que seguía sin pronunciar palabra. Parecía querer grabar ese momento en su memoria. Tenía que durarle hasta la mañana siguiente, en que volvería a arrastrar los pies por la calle helada.

Roberta abrochó un botón que había eludido las maniobras de esas manos viejas. Luego lo miró a los ojos y, sacudiendo su delgado índice, fingió un regaño:

—Bueno, señor Johnson, quiero que tenga mucho cuidado. —Hizo una leve pausa para dar mayor énfasis a sus palabras y añadió con sinceridad: —Necesito verlo mañana por aquí.

Las últimas palabras resonaron como una orden en los oídos del anciano. Después de una breve duda, giró sobre sus talones y, arrastrando a duras penas un pie delante del otro, salió lentamente a la helada mañana de Denver.

Entonces me di cuenta de que no había venido en busca de una banana y un panecillo, sino de calor. Para el corazón.

—Vaya, Roberta—dije—. Eso sí que es atender bien al cliente. ¿Era tu tío, tu vecino, alguien especial?

Casi la ofendió que yo pensara que ella sólo era capaz de brindar tan maravilloso servicio a personas especiales. Por lo visto, para Roberta todo el mundo es especial.

Scott Gross

Un acto de bondad

Debes dar tu tiempo al prójimo; aunque sea algo pequeño, haz algo por los demás, algo por lo que no obtengas más recompensa que el privilegio de hacerlo.

Albert Schweitzer

Durante la Guerra Civil, el presidente Abraham Lincoln visitaba a menudo los hospitales para conversar con los soldados heridos. Una vez los médicos le señalaron a un joven soldado, ya próximo a la muerte, y Lincoln se acercó a su cama.

—¿Puedo hacer algo por usted? —preguntó.

Era obvio que el soldado no había reconocido al presidente; haciendo un esfuerzo, pudo susurrar:

—Por favor, ¿me escribiría una carta para mi madre?

Alguien le dio lápiz y papel; el presidente comenzó a escribir cuidadosamente lo que el joven lograba dictar:

"Mi queridísima madre: Fui malherido mientras cumplía con mi deber. Temo que no podré recuperarme. Por favor, no te aflijas demasiado por mí. Besa de mi parte a Mary y a John. Que Dios los bendiga, a ti y a mi padre."

Como el soldado estaba demasiado débil para continuar, Lincoln decidió firmar la carta por él y agregó: "Escrita en nombre de su hijo por Abraham Lincoln".

El joven pidió ver la nota y quedó atónito al saber quién la había escrito.

—¿De veras es el presidente? —preguntó.

—Sí, lo soy—replicó Lincoln tranquilamente. Luego quiso saber si había alguna otra cosa que pudiera hacer por él.

—Por favor, ¿quiere darme la mano? —pidió el soldado—. Eso me ayudará cuando llegue el fin.

En la silenciosa habitación, el alto y enjuto presidente tomó la mano del muchacho y pronunció unas cálidas palabras de aliento hasta que llegó la muerte.

The Best of Bits & Pieces

Huéspedes nocturnos

El amor lo cura todo; tanto a quienes lo dan como a quienes lo reciben.

Dr. Karl Menninger

Se trataba de una aventura en familia: Judith, mi esposa, Leila, mi hija de dos años, y yo. Habíamos alquilado una pequeña casa rodante para viajar por la Baja California. Un día antes de regresar a San Diego estacionamos la camioneta cerca de la playa, a fin de disfrutar de las últimas horas en la naturaleza.

En medio de la noche, Judith me despertó a los codazos, gritando para que me levantara. Mi primera impresión fue una barahúnda de ruidos y golpes. Salté de la cucheta, bastante desorientado, y me incorporé frente al parabrisas, completamente desnudo.

Lo que vi me sacudió el aturdimiento en el acto. La camioneta estaba rodeada por unos enmascarados que golpeaban las ventanillas.

Como veía muchas películas de aventura, a menudo me había preguntado qué habría hecho si alguna vez me enfrentaba al peligro. Bien, no tardé en asumir mi papel de héroe. No sentí miedo: era el momento de salvar a la familia. Me zambullí en el asiento del conductor para activar el encendido. El vehículo había arrancado perfectamente unas cincuenta veces en ese viaje, pero en esa oportunidad chisporroteó varias veces y murió. Hubo un ruido de cristales rotos. Enseguida, una mano apareció por la ventanilla lateral del conductor. Le di un golpe—¡sin violencia, por supuesto! —aunque en ese momento de furor mi eterna inclinación pacifista tenía pocas chances, en verdad. Más de una vez me alegré de no tener un revólver, porque probablemente lo habría usado.

La mano me sangraba, herida por los cristales rotos. Aun así, pensé que tenía otra oportunidad de poner el auto en marcha. No podía ser de otro modo: en mis fantasías había actuado mil veces como un héroe. Hice girar la llave. El motor surgió a la vida con un carraspeo... y murió. En ese momento alguien me clavó una escopeta en el cuello. Recuerdo haber pensado, completamente sorprendido: "Esto significa que no puedo salvar a mi familia".

Uno de los bandidos gritó, en muy mal inglés:

—¡La plata, la plata!

Con la escopeta todavía contra el cuello, metí la mano bajo el asiento del conductor y, a través de la ventanilla rota, entregué mi billetera a uno de los hombres.

Supuse que con eso terminaría todo.

Pero no fue así.

Los hombres lograron accionar el picaporte a través del vidrio en pedazos y abrieron la puerta. El de la escopeta me dio un fuerte empellón que me arrojó al suelo, despatarrado. Entraron en la casa rodante.

A la manera de los bandidos mexicanos de las películas baratas, llevaban la cara cubierta con toscos pañuelos. Eran cuatro: el de la escopeta, uno que blandía una cuchilla oxidada y otro con un gran machete; el último iba desarmado. Me sorprendió que no llevaran cartucheras llenas de balas cruzadas sobre los hombros. Tal vez sus armas eran sólo imitaciones de un estudio de filmación.

Mientras uno de ellos me inmovilizaba en el suelo poniéndome la escopeta contra el cuello, los otros comenzaron a destrozar la casa rodante, gritando en un idioma extranjero.

Lo interesante es que, mientras pude hacer algo (o al menos tuve la ilusión de que podía hacer algo, como poner el coche en marcha o salvar a la familia) no tuve miedo, aunque me corría la adrenalina. Pero así, caído en el suelo, desnudo y con el frío acero contra el cuello, comencé a sentirme bastante indefenso. Tuve miedo y me puse a temblar.

La situación no dejaba de ser interesante. Iba haciendo buenas migas con el miedo; en realidad, faltaba poco para que lo perdiera. En un fugaz destello de timidez, recordé que ése podía ser un buen momento para pensar y pedir orientación. Recuerdo haber respirado hasta el fondo del corazón, al tiempo que pedía la ayuda de Dios.

Oí claramente este pasaje del Salmo 23:

"Tu preparas ante mí una mesa frente a mis adversarios."

Estas palabras me chocaron interiormente con un rotundo: "¿Eh...? ¡No entiendo!".

Luego vi mi propia imagen, sirviendo un festín a los bandidos. Y me dije: "Ésta es la realidad, los bandidos me han atacado, y yo me resisto; la situación, en líneas generales, es mala".

¿Y si no fuera así? ¿Qué pasaría si, en vez de ser bandidos, fueran viejos amigos que hubieran venido a visitarnos, en la fría noche del desierto? ¿Y si yo me alegrara de verlos y les diera la bienvenida como a huéspedes de honor, preparando la mesa para ellos?

Mientras una parte de mi cerebro imaginaba horrendas

escenas de violación y asesinato, dentro de mí se abría un espacio claro, tranquilo, que se intrigaba ante esa nueva posibilidad. "Ellos también son hijos de Dios—me dije—. ¿Cuántas veces he expresado mi propósito de servir a los demás? ¡Bueno, aquí están!."

Miré a los bandidos desde esa perspectiva, más cordial. "¡Un momento! ¡Éstos no son bandidos! ¡Son criaturas!"

De pronto se me hizo evidente que esos bandidos eran muy jóvenes, evidentemente inexpertos y bastante ineptos. Ellos también estaban nerviosos. La violencia y los gritos parecían más producto del miedo que del poder. Además, con esos movimientos torpes lo estaban desordenando todo, con lo cual pasaban por alto gran parte del botín. En un raro relámpago de percepción vi que, en ese momento, "servir la mesa" significaba ayudarlos a que ejecutaran un robo mejor.

Me volví hacia el joven que hablaba inglés, diciéndole:

—Oye, ¡te estás perdiendo las mejores cosas! Debajo de ese montón hay una cámara muy buena.

Me lanzó una mirada extraña.

Después, en su idioma, gritó algo a otro de los jóvenes, quien rebuscó donde yo había señalado hasta hallar la cámara.

—Es de treinta y cinco milímetros... Toma unas fotos estupendas —informé, voluntarioso.

Volví a dirigirme al que hablaba inglés:

—Con el revoltijo que están haciendo tus amigos van a pasar por alto muchas cosas. Sería un gusto mostrarles dónde están los objetos de valor.

Volvió a mirarme con extrañeza. Era evidente que mis reacciones no coincidían con su libreto de bandidos y víctimas. Pero cuando empecé a señalarle otros objetos y los lugares donde estaban escondidos, sus sospechas se desvanecieron. Me ofrecí a buscarles algunas cosas.

En cuanto nos descuidamos, aquello se convirtió en un show:

—Es una linda guitarra. —Toqué algunos acordes a modo de prueba. —¿Quién sabe tocar? ¿La quieres? ¡Tómala! ¡Un walkman Sony, con auriculares, pilas y algunas cintas! ¿Quién lo quiere?

Caí en la cuenta de que, dada la disparidad de nuestros medios económicos, parecía justo que ellos recibieran nuestras cosas, como para equilibrar la riqueza. Empezaba a disfrutar la sensación de obsequiarlos y descubrir cuáles de nuestras posesiones les gustarían más.

Si bien mi inesperada conducta estaba afectando la escena, la transformación aún no era total. El joven de la cuchilla parecía especialmente errático; quizás estaba drogado. Cada tanto me daba un empujón o me chillaba. Del inglés no parecía dominar más vocabulario que: "¡Droga! ¡Vino! ¡Más plata!". En un cajón de la cocina había encontrado un frasco de píldoras contra la diarrea. Traté de convencerlo de que no le convenía tomarlas, pero se puso muy violento. Confieso que pensé: "Te lo tienes merecido".

Mi amigo, el que hablaba inglés, desempeñaba cada vez más el papel de moderador.

Bueno, ya les había dado todo lo que se me ocurrió. Miré hacia la parte trasera de la camioneta, donde Judith y Leila estaban acurrucadas bajo una manta. Mi esposa, naturalmente, vivía su propia aventura interior, la de dominar el miedo de ser violada y de que secuestraran a nuestra hija. Leila, que en sus dos años de vida no había conocido a nadie que no fuera bueno, no dejaba de intercalar cosas como:

—Papi, ¿quene son eso lindo señore?

"¿Y ahora qué?", me dije. Y entonces me sorprendí preguntando, espontáneamente:

—¿No quieren comer algo?

El joven que hablaba inglés hizo la traducción. Cuatro pares de ojos sorprendidos me observaron mientras abría la heladera. Pero ahora se nos presentaba un problema cultural. Mientras repasaba el contenido de los estantes, cosas como tofú, brotes de soja, yogur y frutas secas, tuve la misma sensación de desaliento que uno siente cuando ha organizado una cena y aparece alguien que sigue una dieta especial. Era obvio que no teníamos nada digno de llamarse comida. De pronto vi una linda manzana, bien roja. "Bueno, esto sí es comida normal", pensé.

Tomé la manzana para ofrecerla al hombre del machete. El momento parecía muy importante. En casi todas las culturas, compartir la comida es una suerte de comunión, un reconocimiento de amistad, una declaración de paz.

Mientras le ofrecía la fruta percibí su lucha interior; a su modo, se estaba desprendiendo de los papeles que ambos teníamos al encontrarnos. Sonrió un instante; luego tomó la manzana. Se me cruzó la imagen de E.T. con el dedo extendido, la punta iluminada. Cuando nuestras manos se encontraron sobre la manzana sentí un sutil intercambio de energía.

Bien: los regalos estaban hechos; la comida, compartida. El angloparlante dijo que iríamos a dar un paseo en auto. Entonces volvió el miedo. No sabía adónde nos llevarían. Si querían matarnos, ese lugar era tan bueno como cualquier otro. No parecían capaces de planear un secuestro por rescate. Sugerí que se llevaran el auto y nos dejaran allí. Estábamos en medio de la nada, pero cualquier cosa parecía mejor que irnos con ellos. Intercambiamos varias opiniones al respecto. De pronto volvieron a amenazarme con las armas. Entendí: en cuanto yo me conectaba con el miedo, ellos se convertían otra vez en bandidos.

—De acuerdo. ¡Vamos!

Pasé a la parte trasera, con Judith y Leila, y partimos. Me había puesto los pantalones, cosa que mejoraba más aún mi estado mental. Por momentos perdía la noción de la realidad, como si sólo estuviéramos avanzando por el desierto. Por fin, al ver unas luces, planifiqué la manera de abrir la portezuela y empujar a Judith y a Leila hacia afuera, si aminorábamos la marcha donde hubiera gente.

Durante el trayecto me pregunté qué haría yo si fuera conduciendo junto a huéspedes distinguidos. Cantar, por supuesto.

Judith, Leila y yo empezamos a cantar:

> *My Bonnie lies over the ocean,*
> *My Bonnie lies over the sea,*
> *My Bonnie lies over the ocean.*
> *Oh bring back my Bonnie to me...*

Leila mantenía su sonrisa pícara, con lo cual atraía la atención de uno u otro de los jóvenes. Varias veces noté que trataban de mantener las cosas claras ("Vamos, nena, basta ya. ¿No ves que trato de ser un bandido?"). Pero acababan por sonreír contra su voluntad.

Parecían disfrutar el canto. Nosotros también. Pero me di cuenta de que no me estaba portando como corresponde a un buen anfitrión. Pensé un momento y ¡acudió la inspiración!

> *Guantanamera, guajira, guantanamera.*
> *Guantanamera...*

Surtió efecto. Empezaron a cantar con nosotros. Las energías se juntaban. Ya no había más bandidos ni víctimas.

Con los pies marcando el ritmo y el espíritu en alto, continuamos la travesía por el desierto nocturno.

Atravesamos un pueblo sin la menor perspectiva para mi intento de rescate. Las luces no tardaron en desvanecerse: nos estábamos internando en alguna remota zona montañosa. Nos desviamos por un oscuro camino de tierra, donde nos detuvimos. Judith y yo nos miramos, con la idea de que iban a matarnos. Nos miramos profundamente a los ojos.

Entonces abrieron la portezuela y empezaron a apearse. Por lo visto, vivían muy lejos de la escena del robo. ¡Lo que habían hecho era tomar el vehículo en préstamo para volver a su casa!

Al alejarse, algunos nos dijeron adiós en su idioma. Por último quedó sólo mi amigo, que hizo un esfuerzo por comunicarse entrecortadamente en inglés:

—Por favor, perdone. Mis hombres y yo, gente pobre. Nuestros padres, gente pobre. Así ganamos dinero. Lo siento. No sabíamos que era usted. Usted muy buena persona... Y su mujer, su nena, muy linda.

Se disculpó varias veces.

—Ustedes son buena gente. Por favor, no piense mal de nosotros. Ojalá esto no les arruine las vacaciones. —Sacó mi billetera del bolsillo y me entregó la tarjeta de crédito. —Tome. No podemos usar esto. Mejor se la lleva.

También me devolvió el registro de conductor. Ante los ojos atónitos de uno de sus compañeros, sacó algunos billetes mexicanos.

—Tome. Para la gasolina.

Yo estaba tan sorprendido como ellos. ¡Me había devuelto el dinero! Quería quedar en buenos términos con nosotros.

Después me tomó la mano y me miró a los ojos. Entre

los dos desaparecieron todos los velos. Así permanecimos
unos instantes. Luego dijo, en español:
  —Vaya con Dios.
  La noche se tragó a nuestros huéspedes, los bandidos.
Nosotros nos abrazamos, llorando.

Robert Gass

Cita con el amor

La redonda esfera del gran reloj montado sobre la casilla de información, en la estación Grand Central, marcaba las seis menos seis minutos. Desde el andén venía un teniente del ejército, alto y joven, que levantó la cara bronceada y entrecerró los ojos para ver la hora exacta. Lo espantaba el ritmo con que latía su corazón, pues no podía controlarlo. Dentro de seis minutos se encontraría con la mujer que ocupaba un lugar tan importante en su vida desde hacía trece meses; aunque nunca la había visto, sus palabras escritas lo acompañaban y le servían de infalible apoyo.

Se instaló tan cerca como pudo de la ventanilla de informaciones, apenas apartado de la multitud que asediaba a los empleados...

El teniente Blandford recordaba una noche en particular, la peor de la lucha, en que su avión quedó aislado en medio de una escuadrilla de Zeros. En esos momentos había podido ver la sonriente mueca de uno de los pilotos enemigos.

En una de sus cartas había confesado a esa mujer que a menudo sentía miedo; pocos días antes de esa batalla le llegó la respuesta: "Es natural que tengas miedo... A todos los hombres valientes les pasa lo mismo. ¿Acaso el rey David no conoció el miedo? Por eso escribió el Salmo 23. La próxima vez que dudes de ti, quiero que oigas mi voz recitando: Sí, aunque camine por el valle de las sombras y la muerte, no temeré al mal, porque Tú estás conmigo". Y él lo recordó; esa voz imaginaria renovó su fuerza y su destreza.

Ahora estaba a punto de oír su verdadera voz. Seis menos cuatro minutos. Aguzó la mirada.

Bajo el inmenso techo estrellado, la gente caminaba de prisa, como si fueran hebras de color que estuvieran formando una trama gris. Una joven pasó junto al teniente Blandford, haciéndole dar un respingo. Llevaba una flor roja en la solapa del traje, pero era una arvejilla carmesí, no la pequeña rosa roja que habían acordado. Además era demasiado joven, andaría por los dieciocho años, mientras que Hollis Meynell le había dicho francamente que tenía treinta. "Bueno, ¿qué importa? —había contestado él—. Yo tengo treinta y dos." En realidad, eran veintinueve.

Su mente volvió a aquel libro, el libro que el mismo Dios debía de haber puesto en sus manos, entre los centenares de libros que la biblioteca del ejército enviaba al campo de entrenamiento de Florida. Era La condición humana; estaba lleno de notas escritas por una mano femenina. Siempre había detestado esa costumbre de escribir en los libros, pero esos comentarios eran distintos. Nunca había creído que una mujer pudiera contemplar el corazón de un hombre con tanta ternura y comprensión. En la primera hoja figuraba su nombre: Hollis Meynell.

Se procuró una guía telefónica de la ciudad de Nueva York para buscar su dirección. Le envió una carta, a la que ella respondió. Aunque lo embarcaron al día siguiente, la correspondencia continuó.

Por espacio de trece meses ella le había contestado

puntualmente. Más aún: le escribía aunque no llegaran cartas suyas. Ahora él estaba seguro de amarla y de ser correspondido.

Sin embargo, contra todos sus ruegos, ella se había negado a enviarle una fotografía. Eso pintaba mal, por supuesto. Pero ella le había dado una explicación: "Si lo que sientes por mí es real y tiene una base honesta, no te importará mi aspecto. Digamos que soy hermosa. Siempre me acosaría la sensación de que tú habías apostado a que lo fuera, y esa clase de amor me disgusta. Supón que soy fea (y debes admitir que esto es más probable). En ese caso, me quedaría el temor de que hubieras continuado escribiéndome por pura soledad, porque no tenías a nadie. No, no me pidas una foto. Me verás cuando vengas a Nueva York y entonces tomarás tu decisión. Recuerda que, a partir de ese momento, los dos tenemos derecho a cortar o a seguir, a voluntad...".

Seis menos un minuto. Dio una profunda pitada al cigarrillo.

De pronto el corazón del teniente Blandford saltó más alto que su avión.

Una joven venía hacia él. Era alta y delgada; el pelo rubio caía en rizos junto a las orejas delicadas. Los ojos tenían el azul de ciertas flores; los labios y el mentón, líneas de suave firmeza. Con ese traje verde claro parecía la primavera en persona.

Él se acercó, sin prestar atención al hecho de que ella no llevaba rosa alguna. Una sonrisa provocativa curvó los labios de la joven.

—¿Me acompaña, soldado? —murmuró.

No pudo menos que dar un paso hacia ella. Entonces vio a Hollis Meynell.

Estaba de pie, justo detrás de la joven: una mujer bien entrada en los cuarenta años, con el pelo entrecano apretado bajo un sombrero raído. Era más que rolliza; tenía tobillos gruesos y calzaba zapatos de tacón bajo. Pero llevaba una rosa roja en la arrugada solapa del abrigo marrón.

La muchacha del traje verde claro se alejaba a paso rápido.

Blandford se sentía como partido en dos entre su intenso deseo de seguir a la joven y su profundo anhelo de estar con la mujer cuyo espíritu le había prestado compañía y apoyo. Allí estaba. Vio dulzura y sensatez en la cara pálida y regordeta. En sus ojos grises había un centelleo cálido y bondadoso.

El teniente Blandford no vaciló. Aferró aquel gastado ejemplar de La condición humana, encuadernado en cuero azul, que debía identificarlo ante ella. Aquello no sería amor, pero sí algo quizá más raro y precioso: una amistad que cabría agradecer eternamente.

Se cuadró e hizo la venia, alargando el libro ante la mujer, si bien incluso mientras hablaba lo impresionó la amargura de su desilusión.

—Soy el teniente John Blandford y usted... usted es la señorita Meynell. Me alegra mucho que haya podido venir. ¿Me permite invitarla a cenar?

La cara de la mujer se ensanchó en una sorisa tolerante.

—No sé a qué se debe todo esto, hijo—contestó—. Esa joven del traje verde claro, la que acaba de pasar, me rogó que me pusiera esta rosa en el abrigo. Y me encargó decirte, si me invitabas a salir, que te espera en el restaurante de enfrente. Dijo que era una especie de prueba. Tengo dos hijos sirviendo a la patria, así que no me molestó hacerles este favor.

Sulamith Ish-Kishor

Una tarde en el parque

Había una vez un niño pequeño que quería conocer a Dios. Como sabía que el viaje hasta Su casa sería largo, puso en la valija varios paquetes de bizcochos y seis latas de gaseosa. Así inició la marcha.

Después de recorrer dos o tres cuadras, vio a una anciana que estaba sentada en el parque, contemplando a algunas palomas. El niño se sentó junto a ella y abrió la valija. Cuando iba a tomar un sorbo de gaseosa, se dio cuenta de que ella tenía cara de hambre, por lo que le ofreció un bizcocho. Ella se lo aceptó con gratitud, sonriente. Su sonrisa era tan bella que, por verla otra vez, el niño le ofreció una gaseosa. La anciana tornó a sonreír. ¡El chico estaba encantado!

Toda la tarde estuvieron allí, comiendo, sonrientes, sin decir palabra.

Al oscurecer, el niño, sintiéndose muy cansado, se levantó para irse, pero apenas hubo andado unos pasos giró en redondo y corrió hacia la anciana para darle un abrazo. Ella le dedicó la mejor de sus sonrisas.

Poco después, cuando abrió la puerta de su casa, la madre se mostró sorprendida ante su expresión de felicidad.

—¿Qué has hecho hoy que te sientes tan feliz? —le preguntó.

—Almorcé con Dios. —Antes de que su madre pudiera replicar, el niño agregó: —¿Sabes una cosa? ¡Ella tiene la sonrisa más bella que puedas imaginar!

Entretanto, la anciana también había regresado a su casa, radiante de alegría. Asombrado por la expresión de paz que irradiaba, el hijo le preguntó:

—Madre, ¿qué has hecho hoy que pareces tan feliz?

—Comí bizcochos con Dios en el parque. —Y antes de que su hijo le respondiera, agregó: —¡Es mucho más joven de lo que yo esperaba!

Julie A. Manhan

¡Ninguno!

El pequeño Chad era un muchachito tímido y callado.
Un día, al llegar a casa, dijo a su madre que quería
preparar una tarjeta de San Valentín para cada chico de su
clase. Ella pensó, con el corazón oprimido: "Ojalá no haga
eso", pues había observado que, cuando los niños volvían
de la escuela, Chad iba siempre detrás de los demás. Los
otros reían, conversaban e iban abrazados, pero Chad
siempre quedaba excluido. Así y todo, por seguirle la cor-
riente, compró papel, pegamento y lápices de colores.
Chad dedicó tres semanas a trabajar con mucha paciencia,
noche tras noche, hasta hacer treinta y cinco tarjetas.

Al amanecer el Día de San Valentín, Chad no cabía en
sí de entusiasmo. Apiló los regalos con todo cuidado, los
metió en una bolsa y salió corriendo a la calle. La madre
decidió prepararle sus bizcochos favoritos, para servír-
selos cuando regresara de la escuela. Sabía que llegaría
desilusionado y de ese modo esperaba aliviarle un poco
la pena. Le dolía pensar que él no iba a recibir muchos
obsequios. Ninguno, quizá.

Esa tarde, puso en la mesa los bizcochos y el vaso de
leche. Al oír el bullicio de los niños, miró por la ventana.

Como cabía esperar, venían riendo y divirtiéndose en grande. Y como siempre, Chad venía último, aunque caminaba algo más de prisa que de costumbre. La madre supuso que estallaría en lágrimas en cuanto entrara. El pobre venía con los brazos vacíos. Le abrió la puerta, haciendo un esfuerzo por contener las lágrimas.

—Mami te preparó leche con bizcochos—dijo.

Pero él apenas oyó esas palabras. Pasó a su lado con expresión radiante, sin decir más que:

—¡Ninguno! ¡Ninguno!

Ella sintió que el corazón le daba un vuelco.

Y entonces el niño agregó:

—¡No me olvidé de ninguno! ¡Ninguno!

Dale Galloway

2

DE LA PATERNIDAD Y LA MATERNIDAD

¡Enseña sólo amor, pues eso es lo que eres!

Curso sobre milagros

Paco, vuelve a casa

En un pequeño pueblo de España, un hombre llamado Jorge tuvo una áspera discusión con su joven hijo Paco. Al día siguiente, Jorge descubrió que la cama de Paco estaba vacía: el muchacho se había fugado del hogar.

Embargado por el remordimiento, Jorge indagó en su alma y comprendió que su hijo era lo más importante para él. Quería empezar de nuevo. Fue a una tienda del centro de la ciudad, muy conocida, y colocó un gran cartel que decía: "Paco, vuelve a casa. Te amo. Te espero aquí mañana por la mañana".

A la mañana siguiente Jorge fue al negocio y allí encontró no menos de siete muchachos llamados Paco, que también se habían fugado del hogar. Todos estaban allí, en respuesta al llamado de amor, cada uno con la esperanza de que el padre lo estuviera esperando con los brazos abiertos.

Alan Cohen

El ensayo de Tommy

Un suéter gris colgaba blandamente del pupitre vacío de Tommy, como recordatorio del desalentado niño que acababa de salir tras sus compañeros del tercer grado. Los padres de Tommy, separados, no tardarían en llegar para una entrevista sobre su pobre desempeño escolar y su mala conducta. Ninguno de los dos sabía que yo había citado al otro.

Tommy, hijo único, había sido siempre un niño alegre y solidario, excelente alumno. ¿Cómo explicar a sus padres que sus recientes aplazos eran una reacción de dolor por su separación y su inminente divorcio?

La madre de Tommy, al entrar, ocupó una de las sillas que yo había puesto cerca de mi escritorio. El padre no tardó en seguirla. ¡Bien! Al menos estaban lo bastante preocupados como para ser puntuales. Tras intercambiar una mirada de sorpresa e irritación, se ignoraron en forma ostentosa.

Les hice un análisis detallado de la conducta de Tommy y su desempeño escolar, rezando por hallar las palabras adecuadas para unirlos y ayudarlos a ver lo que estaban haciendo con su hijo. Pero esas palabras no venían a mí.

Tal vez fuera mejor mostrarles alguno de sus trabajos borroneados, hechos al descuido.

En el fondo de su pupitre encontré una página arrugada, manchada de lágrimas. Era una prueba de lenguaje. Había algo escrito por ambos lados: no era la tarea indicada, sino una frase repetida una y otra vez.

Después de alisarla en silencio, se la di a la madre de Tommy. Ella la leyó y, sin decir palabra, la entregó a su marido. El hombre frunció el entrecejo. Luego su expresión se ablandó. Pareció estudiar esos garabatos durante una eternidad.

Por fin plegó la hoja con cuidado y, tras guardársela en el bolsillo, buscó la mano que su esposa le ofrecía. Ella se enjugó los ojos y le sonrió. Yo también lagrimeaba, pero ellos no parecieron notarlo. Él la ayudó a ponerse el abrigo y salieron juntos.

Dios me había dado, a su manera, las palabras para reunir a esa familia. Me había guiado hasta esa página de papel barato, cubierta con el desborde de angustia de un niño atribulado.

Las palabras eran: "Querida mamá... Querido papá... los amo... los amo... los amo".

Jane Lindstrom

Rosalma

Faltaban por lo menos dos meses para Navidad, y nuestra hija Rosalma, de nueve años, nos dijo que quería una bicicleta nueva. Su vieja bicicleta Barbie era cosa de bebés; además, necesitaba un cambio de cubiertas.

Al acercarse la Navidad pareció ir perdiendo ese deseo; al menos eso pensamos, porque ella no volvió a mencionar el asunto. Nos dedicamos alegremente a comprar lo que estaba haciendo furor: la muñeca de moda, hermosos libros de cuentos, una casa de juguete, un vestido para las fiestas y otras cosas.

Para gran sorpresa nuestra, el 23 de diciembre nos anunció, con todo orgullo, que "se moría" por una bicicleta nueva. Eso nos desconcertó por completo. Entre la preparación de la cena navideña y la compra de regalos a último momento, ya no había tiempo de elegir la bicicleta perfecta para nuestra niña.

La Nochebuena nos encontró recién llegados de una fiesta estupenda. Eran alrededor de las nueve y nos esperaban horas enteras de envolver regalos para nuestros hijos, padres, hermanos y amigos. Mientras Rosalma y su hermano Dylan, de seis años, dormían arrebujados en su cama, sólo podíamos pensar en la bicicleta, llenos de culpa ante la idea de la desilusión que íbamos a provocarle.

En ese momento Ron, mi marido, tuvo una inspiración.

—¿Qué pasa si hago una pequeña bicicleta de arcilla y le ponemos una nota que diga que puede canjearla por una bicicleta de verdad?

La idea era manifestarle que, tratándose de un artículo de alto costo y siendo ella una niña tan buena, era mejor que eligiera ella misma la que más le gustara. Ron pasó las cinco horas siguientes modelando concienzudamente una bicicleta de arcilla en miniatura.

La mañana de Navidad, sólo tres horas más tarde, esperamos con gran entusiasmo a que Rosalma abriera el paquete en forma de corazón, con su hermosa bicicleta de arcilla roja y blanca. Por fin, ella leyó la nota en voz alta.

Nos miró a ambos. Luego dijo:

—¿Esto significa que puedo cambiar la bicicleta que me hizo papi por una de verdad?

—Sí —le contesté radiante.

A Rosalma se le llenaron los ojos de lágrimas.

—Jamás podría cambiar esta hermosa bicicleta que me hizo papi. Prefiero ésta a una bicicleta de verdad.

En ese momento habríamos sido capaces de mover cielo y tierra para comprarle todas las bicicletas del mundo.

Michelle Lawrence

Por qué llevo un dinosaurio de plástico

La compañía de los niños cura el alma.

Fédor Dostoievski

¿Por qué a un respetable jefe de familia, un dirigente de la comunidad, se le puede ocurrir andar con un dinosaurio de plástico sujeto al traje?

El caso ocurrió un día en que salía de la cochera para hacer una diligencia urgente. Mi hijo corrió hacia mí, con la manita extendida, una sonrisa llena de entusiasmo y los ojos brillantes.

—Tengo un regalo para ti, papi.

—¿De veras? —Fingí interés, aunque estaba molesto por la demora y quería salir de una vez.

Entonces abrió lentamente la mano, exhibiendo un tesoro digno de sus cinco años.

—Los busqué para ti, papi.

Apretados entre esos deditos había una bolita blanca, un viejo autito de carreras con el metal torcido, una banda elástica rota y otras tres cosas que ya he olvidado. ¡Cómo me gustaría recordar todos esos tesoros de niño!

—Tómalos, papi; son para ti—barboteó orgulloso.

—En este momento no puedo, hijo. Tengo prisa. ¿Por qué no me los dejas sobre el congelador de la cochera?

Se le borró la sonrisa, pero echó a andar hacia la cochera, obediente, mientras yo salía con el auto. Mis remordimientos comenzaron en cuanto partí calle abajo. Me hice el propósito de aceptar el regalo con más cortesía y gratitud cuando volviera a casa.

A mi regreso fui en su busca.

—Dime, hijo, ¿dónde están esos lindos juguetes que tenías para mí?

Respondió con rostro inexpresivo:

—Bueno, me pareció que no los querías, así que se los di a Adam.

Adam es uno de nuestros vecinitos; lo imaginé aceptando esos tesoros con mucha más gratitud y entusiasmo que yo. Eso me dolió, pero me lo tenía merecido. Además de subrayar lo desconsiderado de mi actitud ante su gesto, el episodio me despertó el recuerdo de otro niñito.

Niñez ofendida

La hermanita mayor cumplía años y al niño le habían dado dos dólares para que comprara algo en el almacén de baratijas. Recorrió una y otra vez, sin éxito, la sección de juguetes.

Tenía que buscar algo muy especial. Por fin vio, en un estante, algo que llamaba la atención a gritos. Era una hermosa máquina expendedora de chicles, llena de tesoros masticables de vivos colores. En cuanto llegó a casa tuvo impulsos de mostrársela a su hermana, pero resistió valientemente la tentación.

Esa tarde, en la fiesta de cumpleaños, ella comenzó a abrir los paquetes, rodeada de todas sus amigas. Cada regalo le provocaba un chillido de alegría.

Y ante cada chillido el niño se sentía más aprensivo.

Todas esas niñas eran de familias ricas; podían gastar mucho más que dos dólares. Los regalos que habían traído eran objetos relucientes, que hablaban y caminaban. Su propio paquetito se le antojaba cada vez más pequeño e insignificante.

Aun así, seguía ansioso por ver cómo chispearían los ojos de su hermana cuando abriera el regalo. Después de todo, no había recibido nada que se pudiera comer ni que sirviera para recoger monedas del piso.

Por fin ella abrió el paquete; de inmediato él detectó su fugaz desilusión.

Parecía algo abochornada. De pronto, la hermosa expendedora de chicles se convirtió en lo que era: un juguete barato de plástico. Para no perder ascendiente sobre sus amigas, ella no podía mostrarse muy entusiasmada con ese regalo. Hubo un breve silencio mientras meditaba la respuesta. Luego, dedicando a sus amigas una sonrisa de complicidad, se volvió hacia el hermano con un tono entre condescendiente y protector.

—Gracias; es justo lo que me hacía falta.

Varias chicas trataron infructuosamente de contener una risita. Ella se dedicó enseguida a planear otro juego, mientras el niñito apartaba la vista, dolorido y confuso. El juguete que tan maravilloso le había parecido en la tienda resultaba ahora nimio y vulgar.

Lo recogió sin prisa y se fue a llorar a la galería trasera. Su regalito barato no tenía nada que hacer entre los otros; no era más que un bochorno. Las risas y juegos que continuaban adentro sólo conseguían aumentar su dolor.

No tardó en aparecer su madre, quien le preguntó por qué lloraba. Se lo explicó lo mejor que pudo, entre sollozos ahogados. Después de escucharlo en silencio, ella volvió a entrar. Momentos más tarde apareció su hermana, sola.

Por su expresión era obvio que le habían mandado

hablar con él, pero con auténtico remordimiento le recordó que ella no había tenido intención de humillarlo. Sólo tenía ocho años; aún le costaba encontrar el equilibrio entre los sentimientos ajenos y la euforia de ser reina por un día.

A su manera, con su amabilidad de adulta de ocho años, ella le explicó que en verdad la expendedora de chicles le gustaba mucho. Él dijo que entendía. Y era cierto: su hermana quería ser amable con él.

Y ahora el círculo se cerraba. Una nueva generación se enfrentaba a la misma disyuntiva, salvo que esta generación era la mía. Ese pequeño tendría que decidir por sí mismo si es realmente la intención lo que cuenta. Y mi manera de reaccionar tendría mucha importancia en su decisión.

El regalo supremo

Crecemos oyendo decir, constantemente, que lo importante de un regalo no es el precio sino la intención. Pero eso puede resultar difícil de creer cuando papá alardea de habernos traído un juguete nuevo y caro, mientras ignora una primitiva muestra de amor trabajosamente creada con manos pequeñas y corazón inmenso, cuyo amor es más profundo que el de las manos que armaron la bicicleta costosa o el aparato para compact discs.

Lo cual me lleva al apabullante problema que debí encarar una Navidad, aquella en la que di dinero a mis hijos para que compraran regalos en "La casita de muérdago".

"La casita de muérdago" es un verdadero emporio de piezas únicas, de esas que los negocios no aceptarían ni aunque se les pagara, para que puedan adquirirlas los niños. Allí toda la mercancía está al alcance de un presupuesto infantil, y eso les encanta.

Me habían comprado regalos y estaban haciendo grandes esfuerzos por guardar el secreto, sobre todo el varón, que comenzó a acicatearme con su obsequio, ya "creativamente" envuelto al pie del árbol. No pasaba un solo día sin que me incitara a adivinar qué era.

La mañana de Navidad, bien temprano, lo primero que hizo mi impaciente hijo fue embestirme con el paquete, insistiendo en que lo abriera antes que ningún otro. Se lo veía embriagado de excitación y con la seguridad de que yo jamás volvería a recibir un regalo de ese calibre. Abrí el paquete con ansiedad y miré el contenido. Ahí estaba: el regalo más hermoso que haya recibido jamás. Pero no lo miré con los ojos de un hombre de treinta y cinco años, ya hastiado de las promesas de "la última tecnología" o de "lo más veloz, fácil y económico". Lo que hice fue mirarlo con los ojos entusiastas de un chiquillo de cinco años.

Era un dinosaurio de plástico verde, de varios centímetros, correspondiente a la especie *Tiranosaurus Rex*. Pero mi hijo se apresuró a señalarme la característica saliente: las garras delanteras también servían de broche, así que era posible... Sí, efectivamente: usarlo siempre.

Jamás olvidaré la expresión de sus ojos, esa mañana de Navidad: desbordantes de expectativa, esperanza y amor, como sólo se encuentra en los ojos muy jóvenes.

Y la historia se repetía. Esa carita de ojos azules y pelo rubio me estaba observando, haciéndome la misma pregunta que yo había formulado tantos años antes. ¿Lo importante es realmente la intención? Lo imaginé preocupado en "La casita de muérdago" hasta encontrar una joya entre toda la parafernalia, el objeto que mejor pudiera transmitir a papi el amor que le tenía.

Respondí a la pregunta de la única manera comprensible para un niño de cinco años: me lo puse de inmediato, delirando sobre lo genial que era y confirmándole que había acertado. La verdad es que me encantaba. En las semanas siguientes fui literalmente a todos lados con un dinosaurio de plástico abrochado a la solapa. Cosa rara: nadie parecía notarlo, sobre todo delante de mi hijo. Nadie, claro, salvo él.

Se me ocurre que la expresión de los niños pequeños cuando hacen un regalo de corazón, máxime si es en Navidad, es abismalmente distinta a la de los adultos que tratan de comprar amor con regalos costosos, joyas o compact discs.

La última Navidad, dos chicos del barrio entregaron a los nuestros calcetines de papel hechos a mano, rellenos de tesoros y cosidos con máquinas abrochadoras.

¿Qué había adentro? Golosinas surtidas, juguetes favoritos de antaño y muñequitos que habían amado. Eran hijos de padres divorciados y no tenían mucho dinero, pero sus caritas sonrientes revelaban que, en esas versiones infantiles del oro, el incienso y la mirra, había gran cantidad de amor y respeto.

¿Cuándo deja de contar la intención? Es algo que me he preguntado más de una vez. Supongo que deja de contar en cuanto los actos más preciosos que realizamos por los demás se retribuyen según su estricto valor comercial.

Los regalos de mi hijo tienen un valor monetario de pocos centavos, pero a mi modo de ver valen su peso en oro.

Por lo tanto, si ves a un adulto respetable con una tosca corbata de papel o con un tatuaje genial, de esos que se aplican por frotación, no te molestes en compadecerlo. Si le dices que está ridículo, se limitará a responderte, con una gran sonrisa:

—Quizá, pero tengo un hijo de cinco años que me considera mejor que el dulce de leche. Ni por todo el dinero de la Casa de la Moneda me lo quitaría.

He aquí por qué llevo un dinosaurio de plástico.

Dan Schaeffer

El mejor papá del mundo

Cuando yo nací, él tenía cincuenta años y fue un amo de casa mucho antes de que se inventara el término. Yo ignoraba por qué estaba él en casa y mamá no, pero era la única entre mis amigos que tenía al papá cerca. Y me consideraba muy afortunada.

En los años de la escuela primaria papá hizo mucho por mí. Convenció al chofer del transporte escolar de que viniera por mí hasta casa, en vez de recogerme en la parada de autobuses, seis cuadras más allá. Cuando llegaba a casa, siempre encontraba el almuerzo listo: por lo general un sándwich de manteca de maní y jalea con una forma alusiva a la ocasión. Mi preferido era el de Navidad: los sándwiches estaban rociados con azúcar verde y cortados en forma de árbol.

Al crecer, en mis intentos de ser independiente quise apartarme de esas señales infantiles de su amor. Pero él no estaba dispuesto a capitular. En el secundario, como ya no podía ir a casa para almorzar, comencé a llevarme la vianda. Papá se levantaba algo más temprano y me la preparaba. Yo nunca sabía a qué atenerme. A veces el exterior de la bolsa tenía un paisaje de montaña pintado por él (acabó por ser su marca de fábrica), o un corazón con la inscripción "Papá-y-Angie". Adentro siempre había una servilleta con el mismo corazón o un "Te quiero". Muchas veces escribía un chiste o una adivinanza, tal como: "¿Por qué en vez de papayas no se llaman mamayas?". Siempre tenía algún dicho gracioso para sacarme una sonrisa y hacerme saber cuánto me amaba.

Solía esconder mi almuerzo para que nadie viera esas inscripciones, pero eso no duró mucho tiempo. Un día, un amigo vio la servilleta y me la arrebató para hacerla circular por el comedor. La cara me ardía de vergüenza. Para mi sorpresa, al día siguiente todos mis compañeros estaban a la espera de ver la servilleta. Por la manera en que actuaban, pienso que todos habrían querido tener a alguien que les demostrara tanto amor. Yo estaba muy orgullosa de tener un padre como él. Siguió haciéndome esas servilletas durante todo el secundario; aún conservo la mayoría.

Y la cosa no terminó allí. Cuando dejé el hogar para ir a la universidad, pensé que los mensajes terminarían. Pero tanto yo como mis amigos nos alegramos de que aquellos gestos continuaran.

Como ya no podía ver a papá todos los días, lo llamaba mucho por teléfono. ¡Qué facturas de teléfono, las mías! No importaba tanto lo que nos dijéramos: me bastaba con oír su voz. Durante ese primer año establecimos una suerte de rito que mantuvimos siempre. Cada vez que me despedía, él preguntaba invariablemente:

—¿Angie?

—¿Sí, papá?

—Te quiero mucho.

—Yo también te quiero mucho, papá.

Comencé a recibir cartas casi todos los viernes. El personal de recepción siempre sabía quién las enviaba: en el recuerda que es el simple trabajador el que hace las grandes obras".

"Es cierto que los ejecutivos tienen lindos escritorios y nunca se ensucian la ropa. Planean operaciones importantes o diseñan grandes proyectos. Pero sin el simple trabajador no podrían llevarlos a cabo. Si los jefes abandonaran sus despachos para tomarse un año de vacaciones, las ruedas de la industria podrían seguir girando. Pero si los hombres como tu papá no se presentan a trabajar, las empresas no funcionan. El más simple de los trabajadores es indispensable para hacer una gran obra".

Disimulé una lágrima y, carraspeando para hacerme oír, abrí la puerta. Mi hijo se levantó de un brinco, con los ojos encendidos de alegría, y me dio un abrazo.

—¿Sabes, papá, que estoy muy orgulloso de ser hijo tuyo? —me dijo.

Ed Peterman

remitente decía "El Grandote". Muchas veces los sobres traían la dirección en crayón y, además de las cartas, generalmente contenían dibujos del perro, del gato, dibujos infantiles de él y de mamá; si yo había pasado en casa el fin de semana anterior, dibujos donde se me veía con mis amigos, corriendo por el pueblo, con la casa como meta. También seguía con su paisaje de montaña y la leyenda inscripta en el corazón: "Papá-y-Angie".

La correspondencia se entregaba todos los días antes del almuerzo, así que yo llevaba sus cartas a la cafetería. Me di cuenta de que era inútil esconderlas porque mi compañera de cuarto era una amiga del secundario y sabía lo de las servilletas. Pronto se convirtió en el rito de los viernes por la tarde. Mientras yo leía las cartas, el dibujo y el sobre circulaban entre los demás.

Fue por entonces cuando papá enfermó de cáncer. Si el viernes no recibía carta, era porque se sentía mal y no podía escribir. Solía levantarse a las cuatro de la madrugada para sentarse a redactarlas con tranquilidad en la casa silenciosa. Si perdía la entrega del viernes, las cartas llegaban por lo general uno o dos días después. Pero nunca faltaban.

Mis amigos solían llamarlo "el mejor papá del mundo". Un día le enviaron una tarjeta, firmada por todos, en la que le otorgaban ese título. Creo que nos enseñó a todos lo que significaba el amor paterno. No me sorprendería que mis amigos empezaran a enviarles servilletas a sus hijos, pues él les dejó una marca indeleble, inspirándolos para que les dieran a sus propios hijos una clara expresión de su amor.

Durante los cuatro años de universidad sus cartas y sus llamados se sucedieron con regularidad. Pero llegó el día en que decidí ir a casa y estar con él, pues se había agravado y nos quedaba poco tiempo para estar juntos. Fueron los días más difíciles de mi vida. Fue duro ver a ese hombre, siempre jovial, envejecer más allá de sus años. Al final ya no me reconocía; solía confundirme con alguna parienta a la que no veía desde tiempo atrás. Aunque yo sabía que era a causa de su enfermedad, me dolía que no pudiera recordar mi nombre.

Un par de días antes de su muerte estuvimos solos en su cuarto del hospital, mirando televisión tomados de la mano. Cuando me preparaba para salir, él dijo:

—¿Angie?

—¿Sí, papá?

—Te quiero mucho.

—Yo también te quiero mucho, papá.

Angie K. Ward-Kucer

Un simple trabajador

Nunca me gustó escuchar a hurtadillas las conversaciones ajenas, pero una noche, al cruzar el patio, me sorprendí haciéndolo. Mi esposa, en la cocina, hablaba con nuestro hijo menor, que estaba sentado en el suelo. Me detuve sin hacer ruido junto a la puerta mosquitero.

Al parecer, algunos chicos habían estado vanagloriándose de sus padres, que eran altos ejecutivos. Luego todos preguntaron a nuestro Bob:

—Y tu papá, ¿a qué se dedica?

Bob murmuró, apartando la vista:

—Es un simple trabajador.

Mi esposa esperó a que todos se fueran; luego llamó a nuestro pequeño.

—Tengo algo que decirte, hijo. —Le dio un beso en el hoyuelo de la barbilla. —Has dicho que tu papá es un simple trabajador y es verdad. Pero como dudo que sepas lo que significa eso, quiero explicártelo.

"Esas importantes industrias que hacen grande nuestro país, las pequeñas tiendas, los camiones que llevan y traen la mercadería, todo depende de los simples trabajadores. Cada vez que veas construir una casa, hijo,

Gratis

Una tarde nuestro pequeño se acercó a su madre, que preparaba la cena en la cocina, y le entregó una hoja de papel en la que había escrito algo. Después de secarse las manos en el delantal, ella leyó:

Por cortar el césped	$5.00
Por limpiar mi cuarto esta semana	$1.00
Por ir al almacén en tu lugar	$0.50
Por cuidar a mi hermanito mientras ibas de compras	$0.25
Por sacar la basura	$1.00
Por tener un boletín con buenas notas	$5.00
Por limpiar y barrer el patio	$2.00
Total adeudado:	$14.75

Bueno, el caso es que la madre lo miró con fijeza; él aguardaba, lleno de expectativa. ¡Caramba, cómo se veían pasar los recuerdos por la mente de mi esposa! Por último, tomó la lapicera y, en el dorso de la misma hoja, escribió:

Por nueve meses de cargarte en mi panza   Nada

Por tantas noches de velarte, curarte y
orar por ti   Nada
Por los problemas y el llanto que me
causaste   Nada
Por el miedo a las preocupaciones que
me esperaban   Nada
Por juguetes, comida y ropa   Nada
Por limpiarte la nariz   Nada

Costo total de mi amor: Nada

Bueno, amigos: cuando nuestro hijo terminó de leer lo que había escrito su madre, tenía los ojos llenos de lágrimas. La miró a los ojos y le dijo:

—Te quiero mucho, mamá.

Luego tomó su lapicera y escribió, con letra muy grande: TOTALMENTE PAGO.

M. Adams

Qué significa ser adoptado

Los alumnos de primer grado de la maestra Debbie Moon estaban analizando la fotografía de una familia. En la foto había un pequeño cuyo color de pelo era distinto del de los otros miembros de la familia.

Un niño sugirió que quizá fuera adoptado. Una niña llamada Jocelynn dijo:

—Yo sé mucho de eso, porque soy adoptada.

—¿Qué significa ser adoptada? —preguntó otro niño.

—Significa—dijo Jocelynn—que no sales de la panza de tu mamá, sino de su corazón.

George Dolan

Reunión de ex alumnas

Hace algunas semanas, mientras atendía mis asuntos, recibí el llamado: el temido y estridente timbre del teléfono, que me anunciaba noticias comparables a la muerte de un familiar. Era una condiscípula del colegio secundario, para invitarme a una reunión de graduados en celebración del vigésimo aniversario.

¿Era posible? ¿Veinte años ya? Me estremecí. Me corrieron escalofríos por la espalda, hacia arriba y hacia abajo, y la frente se me cubrió de sudor. ¿Qué había hecho de mi vida en esos últimos veinte años? Mi madre me decía siempre que algún día debería enfrentarme a eso, pero yo reía sin darle importancia, tal como me reía de sus horribles ruleros rosados. (La semana pasada compré un juego en una venta de ocasión. Hice un negocio estupendo.)

Es asombroso cómo un pequeño llamado telefónico puede cambiarte la vida. De pronto comencé a rememorar aquellas canciones de la década del setenta (de esas que ahora llamamos "cosas de viejos"), pero con arreglos distintos; de pronto caí en la cuenta de que Mick Jagger tenía ya más de cincuenta años. A *Humo sobre el agua* nunca le encontré sentido; en cuanto a mis *Temporadas al sol*, se había perdido en el olvido. ¿El sol ya se había puesto para mí?

Eché un vistazo al espejo... Bueno, sí: me miré fijo en ese maldito espejo. Examiné cada arruguita, cada poro, desde el nacimiento del pelo y descendiendo por esas compasivas líneas de la sonrisa hasta llegar a la base del cuello. "Todavía no tengo papada", pensé.

Las semanas que siguieron fueron un verdadero infierno. Iniciaba el día con un agotador programa de entrenamiento: me iba a correr a las seis y media de la mañana a fin de desprenderme de ese repugnante equipaje que se me había acumulado en los muslos de la noche a la mañana. Salí en busca del vestido perfecto; tú sabes: ése que te rejuvenezca veinte años. Descubrí que habían dejado de hacerlos en 1975. Tres vestidos más tarde había llegado a la única explicación lógica: lo mío era la crisis de la mediana edad.

Comprendí que ese extraño crujido que oía al subir las escaleras provenía de mis rodillas. Comencé a pensar seriamente en añadir el control de esfínteres a mi *curriculum vitae*. Los copos de salvado se habían convertido en parte de mi rutina diaria, y no porque fuera mi cereal preferido. Organizaba reuniones para venta directa de cacerolas sólo por saber cuántas amigas tenía.

Mi vida, simplemente, no era tal como yo la había planeado. Era feliz, claro. Tenía un marido maravilloso y dos hermosos hijos como centro de mi existencia. Pero eso de dividir mi jornada entre los trabajos de secretaria y de mamá no se ajustaba a mi idea de lo que mis compañeros habían elegido, por votación, como la mejor candidata al éxito. ¿Acaso había malgastado esos veinte años?

Justo cuando me disponía a arrojar la toalla y la invitación, mi hijo de siete años me dio un golpecito en el hombro.

—Te quiero, mami; dame un beso.

¿Sabes una cosa? Espero con verdaderas ganas los próximos veinte años.

Lynne C. Gaul

El regalo

Los dioses lo dejaron en sus manos un cálido día de verano. Ella tembló de emoción al verlo tan frágil. Era un don muy especial, el que los dioses le confiaban. Algún día pertenecería al mundo. Según las instrucciones, hasta ese momento ella sería su guardiana y protectora. La mujer dijo que comprendía y respetuosamente lo llevó a su casa, dispuesta a hacer honor a la confianza que los dioses le habían dispensado.

Al principio apenas lo perdía de vista; lo protegía de todo cuanto pudiera parecerle perjudicial; vigilaba con el corazón temeroso cuando estaba fuera del capullo protector con que lo había rodeado. Pero la mujer fue comprendiendo que no podía protegerlo para siempre. Si había de crecer fuerte, tendría que aprender a soportar los crudos elementos. Y así, con sumo cuidado, ella le dio más espacio para crecer, el suficiente como para permitirle que se expandiera, libre y salvaje.

Algunas noches, tendida en la cama, la asaltaba el temor de no ser apta. ¿Sería capaz de manejar la tremenda responsabilidad que le habían confiado? Entonces escuchaba el susurro de los dioses; la tranquilizaban, diciéndole que reconocían sus esfuerzos. Y ella se dormía reconfortada. Con el correr de los años la mujer se fue sintiendo más cómoda con su responsabilidad. El regalo la había enriquecido de tan diversas maneras, con su mera presencia, que ya no recordaba cómo había sido su vida antes de recibirlo; tampoco imaginaba cómo podría ser sin él. Casi había olvidado por completo su pacto con los dioses.

Un día tomó conciencia de cuánto había cambiado el regalo. Ya no tenía aquel aspecto vulnerable. Ahora resplandecía de fuerza y firmeza, casi como si estuviera desarrollando un poder desde adentro. Cada mes que pasaba se lo veía más fuerte, más poderoso, y la mujer recordó su promesa. En el fondo de su corazón sabía que su tiempo junto al regalo estaba por terminar.

Y llegó el día inevitable en que los dioses vinieron a llevarse el regalo para ofrecerlo al mundo. La mujer sintió una profunda tristeza; echaría de menos su presencia. Agradeció a los dioses, con genuina sinceridad, el privilegio de velar tantos años por un bien tan precioso. Luego se irguió con orgullo, sabiendo que el suyo había sido un regalo muy especial y que aumentaría la belleza y los valores del mundo circundante. Entonces la madre dejó ir al hijo.

Renee R. Vroman

3

DE LA
ENSEÑANZA
Y EL
APRENDIZAJE

*Maestros son los que se ofrecen ellos mismos
como puentes, por los cuales invitan a
cruzar a sus alumnos; tras haber facilitado
ese cruce, se desmoronan alegremente, y los
alientan a que creen sus propios puentes.*

Nikos Kazantzakis

A la maestra de primer grado de Beth

No conocía al hombre que tenía esa mañana ante mí. Pero noté que ambos estábamos algo más erguidos, un tanto ufanos por llevar a nuestras hijas de la mano. Estábamos llenos de orgullo y aprensión; era un día importante, pues nuestras hijas comenzaban el primer grado. Por un tiempo al menos, íbamos a entregarlas a esa institución llamada escuela. Al entrar en el edificio, nuestras miradas se cruzaron un instante, pero fue suficiente. Los ojos nos desbordaban de amor por esas niñas, esperanzas en su futuro y preocupación por su bienestar.

Usted, la maestra, nos aguardaba en la puerta. Después de presentarse, acompañó a las niñas hasta sus asientos. Nos despedimos de ellas con un beso y salimos. Fuimos al estacionamiento y partimos cada uno hacia su trabajo, sin decirnos nada. Estábamos demasiado abstraídos pensando en usted.

Habríamos querido decirle muchas cosas, maestra. Demasiadas palabras quedaron sin pronunciar. Por eso le escribo: quiero decirle algunas de las cosas que no tuve tiempo de expresar esa primera mañana.

Espero que haya reparado en el vestido de Beth. ¡Le

quedaba tan bien! Usted pensará que es orgullo de padre, pero ella se siente hermosa con ese vestido y eso es lo que importa. ¿Sabe que pasamos una semana entera buscando en el centro de compras el vestido apropiado para esa ocasión? A ella le gustaría que usted supiera esto: lo eligió por la manera en que se desplegaba la falda cuando bailaba frente a los espejos de la tienda. Me pregunto si usted lo habrá observado. Una sola palabra suya aumentaría el encanto de ese vestido.

Los zapatos dicen mucho con respecto a Beth y a su familia. Merecen siquiera un minuto de atención, maestra. Son azules, sí, del tipo Guillermina. Zapatos sólidos, bien hechos, quizá no muy a la moda; usted sabe. Lo que ignora es cuánto discutimos, porque ella quería el tipo de zapatos que llevarían las demás. Pero nos opusimos a los zapatos plásticos de color lila, rosa o anaranjado.

A Beth le preocupaba que las otras chicas se rieran de sus zapatos infantiles. Pero al final se probó los azules y nos dijo, sonriendo, que siempre le habían gustado los zapatos Guillermina. Así son siempre los primogénitos: deseosos de complacer. Ella es como esos zapatos: sólida y confiable. ¡Cómo le gustaría que usted reparara en esos Guillermina!

Sin duda, usted notará enseguida que Beth es tímida. Cuando entra en confianza habla sin cesar, pero será usted quien deba dar el primer paso. No confunda su calma con falta de inteligencia. Beth es capaz de leer cualquier libro infantil que se le ponga delante. Aprendió como deberían aprender todos: con naturalidad, abrigada en la cama, mientras su mamá o yo le leíamos cuentos a la siesta, a la noche antes de dormirse, a la hora de los mimos, todo el día. Para Beth los libros son sinónimo de momentos agradables y una familia cariñosa. Por favor, no arruine su amor por la lectura convirtiendo el aprendizaje en una tarea pesada. Nos ha llevado toda su breve vida inculcarle la alegría de aprender y el amor por los libros.

¿Sabe que Beth y sus amigos jugaron a la escuela todo el verano, como preparación para este primer día? Quiero contarle algo sobre "su clase". Cada chico escribía algo todos los días. Cuando alguno decía que no se le ocurría nada, ella lo alentaba. Los ayudaba con la ortografía. Un día se me acercó, muy inquieta. Temía desilusionar a su maestra porque no sabía escribir "sustracción". Ahora lo sabe. ¿No podría preguntárselo? Su escuela de fantasía, este verano, estuvo llena de refuerzos positivos y en ella resonó la voz serena de una maestra estimulante. Espero que ese mundo de fantasía se traduzca en la realidad del aula.

Esta carta será breve, pues la sé ocupada con todo lo que una maestra debe hacer al comienzo del año escolar. Pero quiero hablarle de la noche anterior a aquel primer día. Preparamos su almuerzo y lo pusimos en la caja del Oso Cuidadoso. Llenamos la mochila con los útiles escolares. Dejamos listos el vestido y los zapatos; después de leer un cuento, yo apagué las luces. Finalmente le di un beso.

Cuando estaba por salir, ella me hizo volver para preguntarme si sabía que Dios escribía cartas a la gente y se las ponía en la cabeza. Le dije que nunca había oído tal cosa, pero luego le pregunté si ella había recibido una carta. Respondió que sí. La carta le anunciaba que su primer día de escuela iba a ser uno de los más felices de su vida. Yo pensé, enjugando una lágrima: "Quiera Dios que así sea".

Más tarde, esa misma noche, encontré una carta que Beth me había escrito. En ella me decía: "Es una gran suerte tener un papá como tú".

Y bien, maestra de primer grado, creo que también es una gran suerte tenerla a ella como alumna. Todos confiamos en usted. Todos nosotros, los que le dejamos aquel día a nuestros hijos. Cuando tome a nuestros niños de la mano, lleve más erguida la cabeza, camine con más orgullo. Ser maestra entraña una enorme responsabilidad.

Dick Abrahamson

Fe, esperanza y amor

A los catorce años me enviaron a la Academia Cheshire, en Connecticut, un internado para alumnos con dificultades familiares. Mi problema era el alcoholismo de mi madre, quien con su conducta había destruido a la familia. Tras el divorcio de mis padres me convertí en el niñero de mamá, a punto tal que reprobé todas las materias del último grado de la primaria. Mi padre y el director de la escuela decidieron que en un internado con fuerte disciplina, que se destacaba en los deportes, y a buena distancia de mi alcohólica madre, podría tener la oportunidad de terminar el colegio secundario.

Ya en Cheshire, en Orientación para Ingresantes, la última persona en hablar fue Fred O'Leary, el jefe de celadores, encargado de la disciplina. Era enorme; tenía una gran mandíbula y cuello de toro. Mientras acercaba su gran esqueleto al micrófono, todo el mundo hizo silencio. Un muchacho del último año dijo, a mi lado:

—Hermano, no te dejes ver por este hombre. Cruza la calle, haz lo que quieras. Pero que este tipo no sepa de tu existencia.

El discurso que esa noche pronunció el señor O'Leary,

ante toda la escuela, fue breve y preciso:

—Bajo ningún concepto salgan del edificio. No fumen. No beban. Nada de contactos con las chicas del pueblo. Si burlan estas reglas se va a armar la gorda. Además, yo voy a encargarme personalmente de darles una patada en el trasero. —Supuse que había terminado, pero él agregó, en un tono más bajo: —Si tienen algún problema, la puerta de mi despacho está abierta para ustedes.

¡Cómo se me fijaron esas palabras!

En el transcurso del año escolar, el alcoholismo de mi madre fue empeorando. Solía llamarme al internado, a cualquier hora del día o de la noche, para rogarme con palabras confusas que dejara la escuela y volviera a casa. Me prometía dejar de beber, llevarme de vacaciones a Florida y cosas por el estilo. Yo la quería. Me resultaba difícil negarme, pero al mismo tiempo cada llamado me revolvía las tripas. Sentía culpa. Sentía vergüenza. Estaba muy confundido.

Una tarde, en el primer curso de Lenguaje, me puse a pensar en el llamado que me había hecho mi madre la noche anterior y no pude dominar las emociones. Al sentir que estaba al borde del llanto, pedí al profesor que me permitiera salir.

—¿Para qué quieres salir?

—Para ver al señor O'Leary—respondí.

Mis compañeros quedaron petrificados.

—¿Qué hiciste, Peter? Quizá yo pueda ayudarte —sugirió el profesor.

—No; necesito ir al despacho del señor O'Leary.

Al salir del aula, mi único pensamiento eran aquellas palabras: "La puerta de mi despacho está abierta para ustedes".

La oficina del señor O'Leary daba al gran vestíbulo principal. La puerta tenía un gran panel de vidrio que dejaba ver el interior. Cuando alguien estaba en dificultades, él lo hacía pasar, cerraba la puerta y bajaba la cortina de la ventana. A veces se lo oía gritar:

—¡Anoche te vieron cerca del cuartel de bomberos, fumando con otro tipo y la chica de la cafetería del pueblo! Y al pobre desdichado le esperaba la de San Quintín.

Siempre había fila afuera de su despacho. Eran estudiantes con todo tipo de problemas, que esperaban con el rabo entre las piernas. Cuando me puse en la fila, los demás me preguntaron qué había hecho de malo.

—Nada—repuse.

—¿Estás loco? ¿Qué te pasa? ¡Huye de aquí! —exclamaron.

Pero a mí no se me ocurría otro sitio al que acudir.

Por fin llegó mi turno. La puerta del despacho se abrió, dejándome ante esa mandíbula disciplinaria. Temblé, sintiéndome estúpido, pero tenía el presentimiento de que alguien me había puesto frente a este hombre, el más temido de la escuela. Al levantar la mirada me encontré con la suya.

—¿Por qué estás aquí? —ladró.

—En Orientación usted dijo que su puerta estaba abierta para todo el que tuviera problemas—logré tartamudear.

—Pasa—dijo, señalando un gran sillón verde. Luego bajó la cortina de la puerta y tomó asiento detrás del escritorio, mirándome.

Levanté la vista y abrí la boca para hablar, con las lágrimas que me corrían por la cara.

—Mi madre es alcohólica. Cuando bebe me llama por teléfono. Quiere que deje la escuela y vuelva a casa. No sé qué hacer. Tengo miedo. Por favor, no me crea loco o imbécil.

Con la cabeza apoyada en las rodillas, lloré en forma

incontenible. No oí a ese enorme ex atleta cuando abandonó su escritorio para acercarse al adolescente que lloraba en el gran sillón verde. Una criatura de Dios perdida en ese lugar oscuro y frío.

Entonces se hizo el milagro. El señor O'Leary posó suavemente la manaza en mi hombro, apoyándome el pulgar en el cuello, y le oí decir con suavidad:

—Sé lo que sientes, hijo. Yo también soy alcohólico, ¿sabes? Haré lo que pueda por ayudar a tu madre. Voy a pedir a mis amigos de Alcohólicos Anónimos que se pongan hoy mismo en contacto con ella.

En ese momento tuve un instante de claridad. Supe que las cosas iban a mejorar y ya no tuve miedo. Con esa mano apoyada en el hombro me sentí tocado por Dios, por Cristo, por Moisés. Por primera vez, para mí cobraron realidad la fe, la esperanza y el amor. Los veía, los saboreaba. Me sentía lleno de fe, esperanza y amor por todos los que me rodeaban. El hombre más temido de toda la escuela se convirtió en mi amigo secreto; iba a verlo religiosamente una vez por semana. A veces, cuando pasaba junto a su mesa a la hora del almuerzo, él me hacía un guiño amistoso. Me henchía el corazón saber que ese temido jefe de celadores se interesaba por mí con tanto afecto.

En el momento de mayor necesidad, alargué la mano. Allí estaba.

Peter Spelke
con cierta ayuda de Dawn Spelke
y Sam Dawson

Los zapatos

¿Para qué vivimos, si no es para hacer menos difícil la vida de los demás?

George Eliot

Durante la década de 1930, las cosas eran muy difíciles en las zonas mineras y fabriles. En mi viejo pueblo natal, al oeste de Pennsylvania, miles de hombres recorrían las calles en busca de trabajo. Entre ellos, mis hermanos mayores. En casa no pasábamos hambre, pero no había mucho para comer. Como yo era uno de los más chicos de una familia numerosa, toda mi ropa era de segunda mano. Los pantalones largos se cortaban a la altura de la rodilla; el retazo sobrante servía como remiendo o refuerzo. Las camisas se remozaban. Pero los zapatos... ¡Ah, los zapatos eran otra cuestión! Se usaban hasta que el pie tocaba el suelo, hasta reventarlos, literalmente; sólo se los descartaba cuando los dedos asomaban por entre el cuero.

Recuerdo que, antes de tener los Oxford, usé un par de zapatos con cortes a los costados y las suelas completamente desprendidas en la puntera, de modo que chancleteaban al caminar. Para sujetar las suelas tuve que cortar dos bandas de un viejo neumático y ceñirlas a la punta de los pies. Por entonces, mi hermana y su marido se habían ido al oeste y estaban radicados en Colorado. Cuando le era posible, ella nos enviaba su ropa usada para ayudarnos. En la víspera de Acción de Gracias recibimos de su parte una de esas cajas. Todos nos reunimos alrededor de ella. En un rincón anidaban los zapatos. En ese momento yo no sabía de qué clase eran. Y ahora que lo pienso, mi madre tampoco lo sabía, ni papá, ni los otros muchachos. Como yo, todos creyeron que habían sido de mi hermana.

Mamá me miró los pies, que ya asomaban por los agujeros del calzado viejo; luego sacó de la caja esos zapatos de regalo y me los alargó. Yo escondí las manos a la espalda y, después de recorrer con la mirada el círculo familiar, rompí en suaves sollozos. Fue un milagro que mis hermanos no se burlaran de mí, tratándome de llorón.

Pasados treinta años, aún sigue siendo penoso recordar aquello. Mi madre me llevó a un costado para decirme que lo sentía, pero a falta de otros zapatos y estando próximo el invierno, yo no tendría más remedio que usarlos. Papá me acarició la cabeza sin decir nada. Mike, mi hermano preferido, me revolvió el pelo, asegurando que no habría problemas.

Cuando estuve completamente solo me puse los zapatos de mi hermana. Eran de color castaño claro, puntiagudos y con un poco de tacón, pero me quedaban bastante bien. Los contemplé entre lágrimas, sollozando por lo bajo.

Al día siguiente tardé todo lo posible en vestirme para ir a la escuela, dejando aquellos zapatos para el final. Sentí que volvían las lágrimas, pero las contuve. Cuando no me quedó más alternativa que ir a la escuela, tomé el camino de atrás, para no encontrarme con nadie hasta llegar al patio. Y allí estaba justamente Timmy O'Toole, mi único enemigo, mayor y más alto que yo, también alumno de la señorita Miller.

Le bastó una mirada a los zapatos de mi hermana para sujetarme por el brazo y empezar a gritar:

—¡Evan usa zapatos de mujer! ¡Evan usa zapatos de mujer!

Me habría gustado ablandarlo a golpes, pero era más grande y más fuerte que yo. No podía dejarme en paz. Siguió machacando con el asunto hasta que se formó un círculo de chicos a nuestro alrededor. No sé qué habría hecho yo de no aparecer el viejo Weber, nuestro director.

—Vamos—dijo—. Ya tocó la última campana.

Corrí hacia la puerta del aula, a fin de entrar antes de que Tommy pudiera seguir toturándome.

Me senté en silencio, con los ojos bajos y los pies escondidos bajo el cuerpo, pero eso no lo acalló. Seguía y seguía. Cada vez que se acercaba a mi pupitre hacía unos pasos de baile, me llamaba María Luisa y me gastaba alguna broma estúpida sobre los zapatos de mi hermana.

Al promediar la mañana, mientras repasábamos la conquista del Oeste, la señorita Miller nos habló largamente de los pioneros de Kansas, Colorado, Texas y otros lugares. Fue entonces cuando el viejo Weber entró en el aula y se quedó junto a la puerta, escuchando en silencio.

Hasta esa mañana yo pensaba igual que los otros chicos, lo cual equivale a decir que el viejo Weber no me inspiraba mucha simpatía. Se decía que era malísimo. Tenía mal carácter. Hacía favoritismo con las chicas.

Lo que nadie sabía, salvo quizá la señorita Miller, era que el viejo Weber había vivido en un rancho de Oklahoma. Cuando la maestra se dirigió a él y le preguntó si quería sumarse a la discusión, nos sorprendió diciendo que sí. Pero en lugar de hablarnos de las cosas corrientes, el viejo Weber empezó a hablar sobre la vida de los vaqueros, de indios y cosas por el estilo. ¡Hasta cantó un par de remitente decía "El Grandote". Muchas veces los sobres traían la dirección en crayón y, además de las cartas, generalmente contenían dibujos del perro, del gato, dibujos infantiles de él y de mamá; si yo había pasado en casa el fin de semana anterior, dibujos donde se me veía con mis amigos, corriendo por el pueblo, con la casa como meta. También seguía con su paisaje de montaña y la leyenda inscripta en el corazón: "Papá-y-Angie".

La correspondencia se entregaba todos los días antes del almuerzo, así que yo llevaba sus cartas a la cafetería. Me di cuenta de que era inútil esconderlas porque mi compañera de cuarto era una amiga del secundario y sabía lo de las servilletas. Pronto se convirtió en el rito de los viernes por la tarde. Mientras yo leía las cartas, el dibujo y el sobre circulaban entre los demás.

Fue por entonces cuando papá enfermó de cáncer. Si el viernes no recibía carta, era porque se sentía mal y no podía escribir. Solía levantarse a las cuatro de la madrugada para sentarse a redactarlas con tranquilidad en la casa silenciosa. Si perdía la entrega del viernes, las cartas llegaban por lo general uno o dos días después. Pero nunca faltaban.

Mis amigos solían llamarlo "el mejor papá del mundo". Un día le enviaron una tarjeta, firmada por todos, en la que le otorgaban ese título. Creo que nos enseñó a todos lo que significaba el amor paterno. No me sorprendería que mis amigos empezaran a enviarles servilletas a sus hijos, pues él les dejó una marca indeleble, inspirándolos para que les dieran a sus propios hijos una clara expresión de su amor.

Durante los cuatro años de universidad sus cartas y sus llamados se sucedieron con regularidad. Pero llegó el día en que decidí ir a casa y estar con él, pues se había agravado y nos quedaba poco tiempo para estar juntos. Fueron los días más difíciles de mi vida. Fue duro ver a ese hombre, siempre jovial, envejecer más allá de sus años. Al final ya no me reconocía; solía confundirme con alguna parienta a la que no veía desde tiempo atrás. Aunque yo sabía que era a causa de su enfermedad, me dolía que no pudiera recordar mi nombre.

Un par de días antes de su muerte estuvimos solos en su cuarto del hospital, mirando televisión tomados de la mano. Cuando me preparaba para salir, él dijo:

—¿Angie?

—¿Sí, papá?

—Te quiero mucho.

—Yo también te quiero mucho, papá.

Angie K. Ward-Kucer

Un simple trabajador

Nunca me gustó escuchar a hurtadillas las conversaciones ajenas, pero una noche, al cruzar el patio, me sorprendí haciéndolo. Mi esposa, en la cocina, hablaba con nuestro hijo menor, que estaba sentado en el suelo. Me detuve sin hacer ruido junto a la puerta mosquitero.

Al parecer, algunos chicos habían estado vanagloriándose de sus padres, que eran altos ejecutivos. Luego todos preguntaron a nuestro Bob:

—Y tu papá, ¿a qué se dedica?

Bob murmuró, apartando la vista:

—Es un simple trabajador.

Mi esposa esperó a que todos se fueran; luego llamó a nuestro pequeño.

—Tengo algo que decirte, hijo. —Le dio un beso en el hoyuelo de la barbilla. —Has dicho que tu papá es un simple trabajador y es verdad. Pero como dudo que sepas lo que significa eso, quiero explicártelo.

"Esas importantes industrias que hacen grande nuestro país, las pequeñas tiendas, los camiones que llevan y traen la mercadería, todo depende de los simples trabajadores. Cada vez que veas construir una casa, hijo, recuerda que es el simple trabajador el que hace las grandes obras".

"Es cierto que los ejecutivos tienen lindos escritorios y nunca se ensucian la ropa. Planean operaciones importantes o diseñan grandes proyectos. Pero sin el simple trabajador no podrían llevarlos a cabo. Si los jefes abandonaran sus despachos para tomarse un año de vacaciones, las ruedas de la industria podrían seguir girando. Pero si los hombres como tu papá no se presentan a trabajar, las empresas no funcionan. El más simple de los trabajadores es indispensable para hacer una gran obra".

Disimulé una lágrima y, carraspeando para hacerme oír, abrí la puerta. Mi hijo se levantó de un brinco, con los ojos encendidos de alegría, y me dio un abrazo.

—¿Sabes, papá, que estoy muy orgulloso de ser hijo tuyo? —me dijo.

Ed Peterman

canciones del Oeste! Y siguió así por cuarenta minutos.

Ya cerca del mediodía, la hora en que debíamos volver a casa para almorzar, el viejo Weber se acercó por entre las dos filas de pupitres, sin dejar de hablar. De pronto, se detuvo junto a mi pupitre y enmudeció. Al mirarlo a la cara comprobé que tenía la vista fija en los zapatos de mi hermana. Sentí que se me encendía la cara. Intenté esconder los pies bajo el cuerpo, pero antes de que pudiera hacerlo, él susurró:

—¿Oxfords de vaquero?

—¿Cómo, señor? —pregunté.

Y él repitió:

—¡Oxfords de vaquero! —Y luego, en tono complacido, mientras todos los chicos se esforzaban por ver qué era lo que estaba mirando, exclamó: —¡Pero Evan! ¿Dónde conseguiste esos oxfords de vaquero?

De buenas a primeras, todos los de la clase se amontonaron a nuestro alrededor, incluida la señorita Miller. Y lo que todos repetían era:

—¡Evan tiene oxfords de vaquero auténticos!

Fue, con holgura, el día más feliz de mi vida.

Como en realidad ya no quedaba mucho tiempo, el señor Weber dijo que, si yo estaba de acuerdo, convendría que todos vieran bien de cerca los oxfords de vaquero. Y todo el mundo, incluido Timmy O'Toole, desfiló por mi pupitre para observar mis hermosos zapatos. Me sentía como un gigante, pero dado que mi madre me había enseñado a no ser orgulloso, traté de no darme muchas ínfulas. Por último llegó la hora del almuerzo.

No me fue fácil salir, pues todo el mundo quería caminar a mi lado. Después quisieron probarse mis zapatos. Dije que lo iba a pensar. ¡Qué tanto!

Esa tarde le pregunté al señor Weber si estaba bien que todo el mundo se probara mis oxfords. Después de mucho pensarlo, dijo que los varones podían probárselos, pero las niñas no. Después de todo, las mujeres jamás usarán zapatos de vaquero. Me resultó curioso que el señor Weber opinara lo mismo que yo.

Permití que se los probaran todos los chicos de la clase, hasta Timmy O'Toole, aunque a él lo dejé para el final. Y aparte de mí, él fue el único al que le sentaron bien. Me pidió que le escribiera a mi hermana para ver si podía conseguirle un par. Nunca lo hice. ¡Vamos! Yo era el único en el pueblo que tenía un par de oxfords de vaquero y disfrutaba mucho de esa situación.

Paul E. Mawhinney

El Bocha

Jamás olvidaré, mientras viva, el día en que conocí a Alvin C. Hass. Fue en 1991. El interno que nos presentó, en el curso que se dictaba en la prisión, no mencionó ese nombre, por cierto. Presentó a Alvin llamándolo "el Bocha". De inmediato me sentí incómodo por ese apodo. Ese hombre alto, de hablar suave, me dio la mano sin mirarme siquiera. Huelga decir que el Bocha era calvo. El poco pelo que tenía a los costados le llegaba hasta más abajo de los hombros. Yo tenía la sensación de que lo miraba demasiado, de modo que hacía esfuerzos por apartar la vista. Es que tenía un gran tatuaje (bastante intimidatorio) en medio de la calva, un par de alas Harley-Davidson que la cubría por completo.

En mi papel de maestro, siempre trato de mantener una excelente compostura en momentos de tensión; así superé aquel primer día. Al terminar la clase, el Bocha me deslizó una nota, camino a la puerta. "Dios mío —pensé—. Querrá decirme que si no le pongo buenas califi-caciones me hará enderezar por sus compinches 'Harley' o algo parecido." Poco más tarde tuve oportunidad de leer la nota. Decía: "Profe—siempre me llamó así—, el desayuno es una comida muy importante. ¡Si no llega a tiempo tendrá grandes problemas! Bocha, el hippie montañés."

Varios meses después, el Bocha había completado una serie de seis cursos conmigo. Era un alumno excelente, que rara vez hablaba. Sin embargo, casi todos los días me entregaba una nota con algún refrán, una frase célebre, una anécdota o algún consejo sabio para la vida. Yo esperaba esas notas con interés. Si por casualidad no me la entregaba, me llevaba una desilusión. Las conservo hasta el día de hoy.

El Bocha y yo concordábamos bien. Yo estaba seguro de que él entendía cuanto yo enseñaba. Estábamos conectados.

Al finalizar el curso, cada alumno recibía su certificado. El Bocha se había desempeñado de un modo excelente durante todo el período, por lo que le di su diploma con gran entusiasmo.

Estábamos solos cuando se lo entregué. Le estreché la mano, asegurándole que había sido un placer tenerlo en mis clases y que apreciaba su aplicación, su asistencia perfecta y su actitud positiva. Su respuesta me quedó grabada en forma profunda e indeleble. Con su característico tono suave, el Bocha dijo:

—Gracias, Larry. Entre todos los maestros de mi vida, eres el primero en decirme que hice algo bien.

Me alejé, dominado por la emoción. Apenas podía contener las lágrimas al pensar que, en todos sus años formativos, al Bocha nadie lo había elogiado.

Bueno, yo soy de la vieja escuela. Me crié en un ambiente conservador; creo que los criminales deben pagar por el mal cometido y rendir cuentas a la sociedad. Sin embargo, varias veces me he preguntado: "¿Puede ser, por casualidad, aunque sea por casualidad, que el Bocha haya terminado en la cárcel por no haber oído nunca un 'Te felicito', un

'Estuviste muy bien'?".

La experiencia de ese momento me inculcó la voluntad de elogiar siempre a todo alumno que hiciera algo como corresponde.

Gracias, Bocha, por decirme que yo también hice algo como corresponde.

Larry Terherst

Huellas en mi corazón

Algunas personas llegan a nuestra vida y muy pronto se van. Otras se quedan un tiempo, nos dejan huellas en el corazón y ya nunca más uno vuelve a ser el mismo.

Anónimo

Un crudo día de invierno, un alumno entró en mi clase de quinto grado para chicos con problemas de aprendizaje y dejó sus huellas en mi corazón. A pesar del frío, Bobby vestía sólo una remera holgada y un par de vaqueros raídos, a todas luces demasiado chicos. Le faltaba el cordón de un zapato, que al caminar cacheteaba el suelo. Aun cuando hubiera estado correctamente vestido, Bobby no habría parecido un niño normal. Yo nunca había visto semejante aspecto de abandono y extravío. Espero no volver a verlo jamás.

No sólo su aspecto era extraño; la conducta de Bobby era tan estrafalaria que, a mi entender, habría debido estar en una clase de reeducación social.Para él, el fregadero redondo del pasillo era un orinal; su tono de voz normal era un aullido; estaba obsesionado por el pato Donald y nunca miraba a nadie a los ojos. En clase farfullaba constantemente comentarios fuera de lugar. Cierta vez anunció, orgulloso, que el maestro de Educación Física, diciendo que olía mal, lo había obligado a ponerse desodorante. Aparte de esas extrañas tendencias sociales, prácticamente carecía de capacidad para el aprendizaje. A los once años aún no sabía leer ni escribir. Ni siquiera era capaz de escribir las letras del abecedario. Decir que no estaba al nivel de los alumnos de mi clase era quedarse corto.

Yo estaba segura de que Bobby no había sido bien ubicado en mi grupo. Al revisar sus antecedentes, me sorprendió descubrir que su coeficiente intelectual era normal. ¿Cuál podría ser el motivo de esa extraña conducta? Hablé con el consejero escolar, que conocía a la madre.

—Es mucho más anormal que Bobby—aseguró.

Seguí investigando en los archivos. Así descubrí que había pasado sus tres primeros años de vida en un hogar sustituto. Una vez devuelto a su madre, se habían mudado de pueblo en pueblo una vez al año, cuanto menos. Así estaban las cosas: Bobby tenía inteligencia normal y, a pesar de su rara conducta, debía continuar en mi clase.

Me duele reconocerlo, pero su presencia me molestaba. El aula ya estaba superpoblada y, por añadidura, tenía varios alumnos difíciles. Nunca había tratado de enseñar a alguien con tan poca aptitud. Hasta planificar las lecciones para él era una lucha. Durante sus primeras semanas en mi clase, me despertaba con un nudo en el estómago, espantada por la necesidad de tener que ir a trabajar. Hubo días en que fui a la escuela con la esperanza de no encontrarlo allí. Como me ufanaba de ser buena maestra, me reprochaba esa antipatía, esa resistencia a tenerlo en mi clase.

Aunque Bobby me volvía loca, hice esfuerzos por tratarlo como a los demás alumnos. Nunca permití que nadie se ensañara con él en el aula. Fuera de ella, no obstante, para los otros era un juego maltratarlo. Eran como la jauría de bestias salvajes que se vuelve contra el miembro herido o enfermo.

Al mes de su ingreso, Bobby llegó un día a la escuela con la camisa rota y la nariz ensangrentada. Algunos alumnos se le habían arrojado encima. Se sentó ante el pupitre como si nada hubiera sucedido, y abrió el libro para tratar de leer; sobre la página cayeron lágrimas mezcladas con sangre. Indignada, hice que Bobby fuera a la enfermería y desaté toda mi furia verbal sobre los alumnos que lo habían lastimado. Les grité que debían avergonzarse de maltratarlo sólo por ser diferente. Que su conducta extraña era un motivo más para tratarlo con bondad. En algún punto de mi arenga empecé a escucharme. Entonces caí en la cuenta de que yo también tenía que cambiar de actitud hacia él.

Ese incidente me hizo recapacitar con respecto a Bobby. Por fin pude ver más allá de su conducta singular; allí había un niñito muy necesitado de que alguien se ocupara de él. Comprendí que la verdadera maestra no es la que enseña sólo las materias del plan de estudios, sino la que responde a las necesidades de sus alumnos. Y Bobby tenía carencias extraordinarias que yo debía cubrir.

Empecé por comprarle ropa en el Ejército de Salvación. Sabía que los alumnos se burlaban de él porque sólo tenía tres camisas. Elegí con cuidado ropa elegante y en buenas condiciones. Él quedó encantado con las prendas; eso mejoró notablemente su autoestima. Cuando salió de su caparazón, descubrí que en realidad era un chico simpático. Su conducta mejoró; hasta me miraba brevemente a los ojos. Ir al trabajo ya no era tan horrible como antes para mí. En realidad, esperaba verlo venir por el pasillo. Cuando faltaba, me preocupaba por él.

Noté que según cambiaba mi actitud hacia él sucedía otro tanto con la conducta de los demás alumnos. Dejaron de ensañarse y lo incluyeron en el grupo. Un día Bobby trajo una nota, anunciando que se mudaría dos días después. Me sentí desolada. Aún no había podido conseguirle toda la ropa que quería. Aproveché la hora de descanso para salir a comprarle un conjunto. Se lo entregué diciéndole que era mi regalo de despedida. Cuando vio las etiquetas, dijo:

—No recuerdo haber usado nunca ropa nueva.

Algunos chicos se enteraron de que Bobby se mudaba y, al terminar la clase, me preguntaron si podían organizar una fiesta de despedida para el día siguiente.

—Claro—dije. Pero interiormente pensé: "Si no se acuerdan de hacer los deberes, ¿cómo van a organizar una fiesta para mañana?".

Para mi sorpresa, lo hicieron. A la mañana siguiente trajeron una torta, guirnaldas, globos y regalos para Bobby. Sus torturadores se habían convertido en amigos.

En su último día en la escuela, Bobby entró en el aula con una gran mochila llena de libros infantiles. Disfrutó de la fiesta y, cuando todo estuvo en orden, le pregunté qué hacía con todos esos libros.

—Son para usted—dijo—. Como en casa tengo muchos, se me ocurrió traerle algunos.

Estaba segura de que Bobby no tenía en su casa nada que le perteneciera; libros, mucho menos. Si el chico no tenía más de tres camisas, ¿era posible que tuviera tantos cuentos?

Al revisarlos descubrí que la mayoría pertenecían a bibliotecas de los diversos lugares donde había vivido. Algunos tenían escrita la leyenda: "Ejemplar para el docente". Comprendí que, en realidad, no le pertenecían, pues los había conseguido por medios dudosos. Pero me estaba dando cuanto era suyo. Nunca me habían hecho un regalo tan maravilloso: descontando la ropa que llevaba puesta, comprada por mí, Bobby me estaba dando todo lo que tenía.

Ese día, antes de irse, Bobby me preguntó si podíamos ser amigos epistolares. Salió del aula con mi dirección anotada, dejándome sus libros y, por siempre, sus huellas en el corazón.

Laura D. Norton

4

A PROPÓSITO DE LA MUERTE Y DEL MORIR

No vayas a llorar junto a mi tumba.
No estoy allí. No duermo.
Soy un fulgor diamantino entre la nieve.
Soy el agua que corre cuando llueve.
Los mil vientos de otoño y, en verano,
Rayo de sol sobre maduro grano.
En el silencio de las alboradas
Soy el rumor de alas que alzan vuelo.
Y, por la noche, el cielo
Con todas sus estrellas desveladas.
No vayas a llorar junto a mi tumba
No estoy allí. No duermo.

Anónimo

La grulla dorada

Art Beaudry, profesor de origami, el antiguo arte japonés de plegar el papel, aceptó representar al Instituto de Aprendizaje Lafarge en una exhibición que se realizaría en un gran centro comercial de Milwaukee.

Había decidido llevar consigo unas doscientas grullas de papel plegado para repartir entre los que se detuvieran ante su puesto, pero le sucedió algo extraño: una voz le dijo que hiciera, con papel de estaño, una grulla dorada. La extraña voz fue tan insistente que Art se encontró de pronto hurgando en su colección de papeles para origami hasta encontrar una brillante lámina de papel dorado.

—¿Por qué hago esto? —se preguntó.

Art no había trabajado nunca en papel de estaño; no era tan fácil de plegar como el resistente papel multicolor. Pero la vocecita insistía. Art carraspeó, tratando de ignorarla.

—¿Por qué papel de estaño dorado? El papel común es mucho más práctico para trabajar—farfulló Art.

—Debes hacerlo—continuó la voz—; mañana lo entregarás a una persona especial.

Art comenzaba a ponerse nervioso.

—¿A qué persona especial?

—Ya la reconocerás—dijo la voz.

Esa noche Art plegó empeñosamente el rebelde estaño dorado, hasta convertirlo en una figura tan grácil y delicada como una grulla real a punto de levantar vuelo. Por último guardó esa exquisita ave en una caja, junto con otras doscientas coloridas grullas de papel que había hecho en las semanas anteriores.

Al día siguiente, en el centro de compras, decenas de personas se detuvieron en el puesto de Art para formularle preguntas sobre origami. Él hizo demostraciones. Plegó, desplegó y replegó. Explicó los intrincados detalles y la necesidad de hacer pliegues bien marcados.

De pronto vio a una mujer de pie frente a él. La persona especial. Art no la había visto nunca; sin pronunciar palabra, ella lo observó atentamente mientras él plegaba un trozo de papel rosado hasta convertirlo en una grulla de gráciles alas.

Art levantó la vista hacia ella y, casi sin darse cuenta, metió la mano en la gran caja llena de grullas de papel. Allí estaba la delicada ave de papel dorado que había hecho la noche anterior. La sacó para depositarla delicadamente en la mano de la mujer.

—No sé por qué, pero dentro de mí hay una voz que me ordena darle esta grulla dorada, señora. La grulla es en Oriente el antiguo símbolo de la paz—dijo simplemente Art.

La mujer, en silencio, ahuecó su manita en torno de la frágil ave, como si tuviera vida. Art notó que tenía los ojos desbordantes de lágrimas.

Después de un largo suspiro, la mujer dijo:

—Hace tres semanas, murió mi marido. Ésta es mi primera salida. Hoy...—Se enjugó los ojos con la mano libre, mientras sostenía la grulla dorada en la otra.—...hoy cumpliríamos nuestras bodas de oro.

Luego, con voz clara, la desconocida agregó:

—Gracias por este hermoso regalo. Ahora sé que mi marido descansa en paz. ¿No se da cuenta? La voz que usted oyó es la voz de Dios y es Él quien me regala esta hermosa grulla. Es el regalo más maravilloso que pude haber recibido para mi aniversario. Gracias por escuchar la voz de su corazón.

Así aprendió Art a escuchar con atención cuando una vocecita interior le ordena hacer algo, aunque en el momento no lo entienda.

Patricia Lorenz

La última carta de un camionero

El cerro Steamboat tiene fama de asesino entre los camioneros que transportan carga por la autopista de Alaska; por eso lo tratan con respeto, sobre todo en invierno. El camino se curva y serpentea por la montaña, y al costado de la ruta congelada caen a plomo empinados barrancos. Allí se han perdido incontables camiones con sus choferes; es probable que muchos más sigan sus huellas.

En un viaje por esa zona, me encontré con la Real Policía Montada de Canadá y varias unidades de salvataje, que remolcaban los restos de un camión desde el fondo de un profundo barranco. Después de estacionar mi equipo, me acerqué al grupo de camioneros que observaban en silencio los despojos del accidente.

Uno de los policías montados se acercó a nosotros para decirnos, en voz baja:

—Lo siento. El conductor estaba muerto cuando lo encontramos. Debe de haber caído por la cuesta hace dos días, cuando hubo una gran tormenta. No había muchas huellas. De pura casualidad detectamos el reflejo del sol en una pieza de cromo.

Meneando la cabeza, revisó el bolsillo de su parka.

—Tomen esto; creo que deberían leerlo. Supongo que vivió un par de horas antes de que el frío acabara con él.

Nunca había visto lágrimas en los ojos de un policía; siempre pensé que, habiendo presenciado tanta muerte y desesperación, estaban inmunizados. Pero aquél se secó las lágrimas al entregarme la carta. Al leerla me eché a llorar. Cada uno de los camioneros leyó también en silencio aquellas palabras antes de volver lentamente a su vehículo. Esa carta me quedó grabada en la memoria a tal punto que, pasados los años, sigue tan vívida como si aún la tuviera en mis manos. Quiero compartirla contigo y con tu familia.

Diciembre de 1974

Amor mío:

Ésta es una de esas cartas que ningún hombre quisiera escribir, pero tengo la suerte de tener algo de tiempo para expresar lo que tantas veces he olvidado decir. Te quiero, corazón.

Solías decirme, en broma, que yo amaba más al camión que a ti, porque pasaba más tiempo con él. Amo este pedazo de hierro, sí; se ha portado bien conmigo. Me acompañó en momentos y en lugares difíciles. Siempre podía contar con él para los viajes largos y era veloz en las rutas. Nunca me abandonó.

Pero, ¿sabes una cosa? A ti te amo por las mismas razones. También me acompañaste en los tiempos y en los lugares más difíciles.

¿Te acuerdas de mi primer camión, ese viejo cascajo que nos arruinaba, y con el que apenas ganaba lo suficiente para parar la olla? Tú debiste salir a trabajar para que pudiéramos

pagar el alquiler y las cuentas. Cada centavo que yo ganaba se lo llevaba ese camión; tu sueldo cubría la comida y el techo.

Yo me quejaba del camión; en cambio, no recuerdo que tú lo hayas hecho alguna vez, cuando volvías cansada del trabajo y yo te pedía dinero para volver al camino. Si te quejaste, no te escuché. Estaba demasiado sumido en mis problemas para pensar en los tuyos.

Ahora pienso en todas las cosas a las que renunciaste por mí. La ropa, las vacaciones, las fiestas, las amigas. Nunca te quejaste. Y yo, por algún motivo, nunca te di las gracias por ser como eres.

Cuando tomaba café con los muchachos hablaba de mi camión, del equipo, de las cuotas. Me olvidaba de que eras mi socia, aun cuando no estuvieras a mi lado en la cabina. Fue gracias a tu sacrificio y tu decisión, no sólo por los míos, que finalmente tuvimos un camión nuevo.

Yo estallaba de orgullo por ese camión. También estaba orgulloso de ti, pero nunca te lo dije. Daba por sentado que lo sabías, pero si te hubiera dedicado tanto tiempo como a lustrar los paragolpes cromados tal vez te lo habría dicho.

En todos esos años de gastar el pavimento, siempre supe que me acompañabas con tus oraciones. Pero esta vez no alcanzaron.

Estoy herido y es grave. He recorrido mi último kilómetro. Por eso quiero decir las cosas que debieron decirse muchas veces. Las que quedaron olvidadas porque estaba muy ocupado con el camión y el trabajo.

Pienso en los aniversarios y cumpleaños sin mi presencia. En los actos escolares a los que fuiste sola, porque yo estaba en la ruta.

Pienso en las noches que pasaste sola, preguntándote dónde estaría yo, cómo irían las cosas. Pienso en todas las veces en que se me ocurrió llamarte, sólo para decirte hola, y luego no lo hice. Pienso en la tranquilidad de saber que me esperabas en casa, con los chicos.

Y tantas cenas familiares en las que debiste justificar mi ausencia: que estaba ocupado cambiando el aceite, buscando repuestos o durmiendo, para salir temprano al día siguiente. Siempre había algún motivo, pero ahora, no sé por qué, ya no me parecen tan importantes.

Cuando nos casamos no sabías cambiar una lamparita. En un par de años ya eras capaz de reparar la caldera en medio de una ventisca, si yo estaba en la otra punta del país esperando una carga. Por ayudarme llegaste a ser buena en la mecánica. Me llenaste de orgullo el día en que trepaste a la cabina y diste marcha atrás sobre los matorrales.

También me sentía orgulloso cuando, al detenerme frente a casa, te encontraba dormida en el auto, esperándome. Ya fueran las dos de la mañana o las dos de la tarde, siempre te acicalabas como una estrella de cine para recibirme. Eres hermosa, ¿sabes? Creo que llevo mucho tiempo sin decírtelo, pero es cierto.

En mi vida he cometido muchos errores, pero si alguna vez tomé una buena decisión, fue pedirte que te casaras conmigo. Nunca pudiste entender qué me mantenía montado en ese camión. Yo tampoco lo sabía, pero era mi manera de ganarme la vida y tú me apoyabas. En las buenas y en las malas, siempre estabas allí. Te amo, querida, y amo a los chicos.

Me duele el cuerpo, pero más me duele el corazón. Cuando termine este viaje no estarás allí. Por primera vez desde que estamos juntos me encuentro solo y asustado. Te necesito mucho, pero sé que ya es tarde.

Es curioso, pero ahora sólo tengo este camión. Este maldito camión que gobernó nuestra vida por tanto tiempo. Este montón de hierros retorcidos en el que pasé tantos años. Pero él no puede retribuirme el cariño. Sólo tú puedes hacerlo.

Estás a miles de kilómetros de aquí, pero te siento conmigo. Veo tu cara, siento tu amor. Y tengo miedo de hacer solo el tramo final.

Dile a los chicos que los quiero mucho. No dejes que los muchachos se ganen la vida al volante de un camión.

Creo que eso es todo, corazón. ¡Cómo te quiero, Dios mío! Cuídate mucho y recuerda siempre que te amé como a nada en la vida. Sólo que olvidé decírtelo.

Te amo.
Bill

Rud Kendall
Enviavo por Valerie Teshima

Por amor a un hijo

Mike Emme tenía diecisiete años y conducía un Ford Mustang 1967. El auto había estado abandonado en un sembradío de Colorado por más de siete años cuando él lo compró para restaurarlo, pintándolo de un amarillo intenso. Mike era un estudiante talentoso, un muchacho alegre y servicial, con un futuro tan claro y brillante como su coche. Sus amigos le decían Mike Mustang.

La nota decía: "Lástima que no haya aprendido a odiar. No se culpen. Papá, mamá: los amo. Recuerden que siempre estaré con ustedes". Firmaba: "Cariños, Mike. 11:45".

Su amor de verano había terminado abruptamente con el primer día de otoño, cuando su novia se comprometió con otro. Dos semanas después, en un acto que sorprendió a todos lo que lo conocían, Mike se instaló en el asiento delantero de su Mustang amarillo, cerró la portezuela y se disparó un balazo.

A las 11:52, sus padres y su hermano Victor estacionaron en el camino de entrada, detrás del Mustang... siete minutos demasiado tarde.

Al día siguiente, hacia el mediodía, comenzaron a llegar al hogar de los Emme algunos adolescentes que vestían remeras con estas palabras: EN MEMORIA DE MIKE EMME, impresas por encima de un Mustang amarillo intenso (creación de Jarrod, el mejor amigo de Mike, con ayuda de su madre).

En los días siguientes surgieron una serie de relatos, la mayoría desconocidos para la familia del muchacho. Algunos databan de los lejanos tiempos de la escuela primaria: Mike había compartido su almuerzo con un compañero menos afortunado o donado el dinero del almuerzo para alguna colecta.

Una extraña llamó para contarles algo: una noche se le había descompuesto el auto y ella quedó perdida en un camino oscuro, con sus dos pequeños. Mike se detuvo y, después de mostrarle la licencia de conductor como garantía de que no le haría daño, puso el coche en marcha y la siguió con el suyo, para asegurarse de que llegaran a casa sanos y salvos.

Un compañero de familia humilde reveló que Mike había cancelado el pedido de una flamante caja de cambios para el Mustang, por la que había estado ahorrando. En su lugar compró dos cajas de cambio usadas, para que el auto de su compañero también pudiera funcionar.

Después, una jovencita comentó que, de no haber sido por Mike, no habría podido asistir al Baile de Bienvenida. Al saber que ella no tenía dinero para comprar un vestido de noche, Mike le pagó un lindo modelo que ella había encontrado en un negocio de segunda mano.

Cuando Mike tenía catorce años, nació una sobrina con una grave discapacidad. Él aprendió a cambiarle el tubo de la traqueotomía para una emergencia, a practicar la reanimación cardiorrespiratoria y a cantar con ella por medio del lenguaje de señas, porque el tubo, sin el cual moriría, le impedía hablar. El estribillo de la canción que ambos preferían decía: "Dios nos vigila a la distancia...".

Era como si Mike hubiera estado siempre dispuesto a brindar felicidad, una mano o un abrazo.

Los adolescentes se reunieron en casa de los Emme para consolar a la familia y reconfortarse mutuamente. Analizaron los trágicos suicidios de adolescentes y el hecho de que la proporción de casos sea mayor entre jovencitos dotados de un alto coeficiente intelectual. Descubrieron que el suicidio es la sexta causa de muerte infantil entre los cinco y los catorce años, y la tercera entre los quince y los veinticuatro. Supieron que, de año en año, mueren de ese modo más de siete mil chicos entre los diez y los diecinueve años, y que en la actualidad el suicidio está cobrando proporciones epidémicas, incluso en las escuelas primarias. Alguien mencionó un estudio comparativo entre adolescentes suicidas sin problemas mentales visibles con chicos de la misma edad no suicidas. La diferencia era una sola: un revólver cargado en la casa.

Mientras se preguntaban qué podían hacer para prevenir ese tipo de tragedia, alguien levantó la vista y vio un Mustang amarillo intenso en una de las remeras. Así nació el Proyecto Cinta Amarilla. Linda Bowles, una amiga de la familia, trajo un gran rollo de cinta amarilla e imprimió papelitos del tamaño de una tarjeta de visita, con instrucciones para usar la cinta. Decían así:

PROYECTO CINTA AMARILLA
En afectuosa memoria de Michael Emme.

ESTA CINTA ES UNA CUERDA SALVAVIDAS: Su mensaje es que hay personas que se interesan por ti y pueden ayudarte.
Si alguien (tú u otro) necesita ayuda y no sabe cómo pedirla, entrega una cinta amarilla a un

consejero psicológico, maestro, sacerdote de cualquier religión, padre o amigo, y diles: QUIERO USAR MI CINTA AMARILLA.

Sentados en la sala de los Emme, los amigos de Mike compartieron sus anécdotas, pesares y lágrimas. Y lloraron la pérdida del amigo adhiriendo un trozo de cinta amarilla a cada tarjeta de instrucciones.

Durante el oficio de funerales, colocaron en una cesta quinientas de esas cintas amarillas. Al finalizar el servicio la cesta estaba vacía: quinientas cintas, con sus tarjetas de instrucciones, habían iniciado su misión de salvar a otros chicos del suicidio. Por lo que sabemos, en las primeras semanas el Proyecto Cinta Amarilla impidió tres suicidios de adolescentes; no tardó en ser implantado en todos los colegios secundarios de Colorado. Desde entonces no ha dejado de crecer.

Debido a la naturaleza interior de la depresión, la soledad y el temor, miles de nuestros mejores niños, llenos de aparente felicidad, están gritando en silencio con el más hondo de los dolores emocionales. ¿Qué podemos hacer?

Thea Alexander

El último baile

Una de mis primeras tareas, cuando niño, fue apilar leña. Me encantaba cortarla y recogerla en el bosque con mi padre. Trabajábamos juntos, como forzudos leñadores, cumpliendo con nuestra misión de mantener cálida la casa y abrigadas a las mujeres. Sí: él me enseñó a proveer para el hogar. Era una sensación maravillosa. Con frecuencia me desafiaba a quebrar un leño grande, viejo y nudoso en quinientos golpes, por ejemplo. ¡Qué manera de esforzarme! Casi siempre ganaba yo, pero creo que él me daba ventaja, pues sabía lo orgulloso y feliz que me sentía al partir el tronco con ese último golpe. Después, con la nariz goteando por el frío, arrastrábamos el trineo cargado a casa y entrábamos en busca de algo para comer y un buen descanso junto al fuego.

Cuando estaba en primer grado, solía mirar televisión con mi padre los martes por la noche: series de indios y paladines del Oeste. Me tenía totalmente convencido de que él había cabalgado con todos ellos. Siempre sabía por adelantado todo lo que iba a suceder. Por eso yo le creía. Él aseguraba que, por conocerlos tan bien, podía prever sus actos. Caramba, qué orgullo el mío: mi papá era un auténtico vaquero que había acompañado a los mejores. Cuando se lo contaba a mis amigos de la escuela, ellos se reían de mí y decían que mi padre mentía. Para defender su honor me la pasaba peleando. Un día me dieron una buena paliza. Al verme con los pantalones desgarrados y el labio partido, el maestro me llevó a un costado para preguntar qué había pasado. Una cosa trajo la otra y mi papá tuvo que decirme la verdad. Huelga decir que eso me dejó destrozado, pero aun así seguí queriéndolo enormemente.

Cuando yo tenía trece años, papá comenzó a jugar al golf. Yo le servía de caddie. Cuando nos alejábamos de la sede él me dejaba practicar algunos golpes. Me enamoré del deporte y llegué a jugarlo bien. De vez en cuando papá traía a dos amigos y jugábamos contra ellos. Cuando ganábamos, yo estallaba de alegría. Éramos un equipo.

Lo que más amaban mis padres, aparte de sus hijos, era bailar. Formaban una pareja fabulosa. Los amigos del salón de baile los apodaban Marvin y Maxine, los grandiosos m&m. Era un sueño romántico hecho realidad. Nunca los vi bailar si no era sonriendo. Mis hermanas y yo siempre íbamos a los bailes de casamiento. ¡Qué plomo!

Los domingos, cuando volvíamos de la iglesia, papá y yo nos encargábamos de preparar el desayuno. Mientras esperábamos que se cocinara el cereal con pasas practicábamos zapateo sobre el piso limpio, recién encerado por mamá. Ella nunca se quejó.

Al crecer yo, nuestra relación se hizo más distante. Ya en el colegio secundario, las actividades extracurriculares consumían gran parte de mi tiempo. Mis compañeros eran deportistas y músicos: practicábamos deportes, tocábamos en una banda y corríamos tras las chicas. Recuerdo lo solitario y ofendido que me sentí cuando papá empezó a trabajar de noche y dejó de presenciar mis actividades. Me sumergí en el hockey y el golf. Mi colérica actitud era:

"Ya verás. Seré el mejor aunque tú no estés". Era el capitán de los equipos de hockey y de golf, pero él no veía los partidos. Tuve la sensación de que su falta de atención me estaba condenando a ser un sobreviviente amargado. Lo necesitaba. ¿Cómo era posible que él no lo supiera?

El alcohol se convirtió en parte de mi vida social. Papá ya no me parecía un héroe, sino una persona que no comprendía mis sentimientos e ignoraba que yo estuviera pasando por una época mala. De vez en cuando, cuando bebíamos juntos y nos poníamos alegres, parecía que nos acercábamos más, pero aquellos sentimientos especiales de antaño habían desaparecido. Desde que cumplí los quince años hasta los veintiséis, nunca nos dijimos "Te quiero". ¡Once años!

Entonces sucedió. Una mañana, mientras papá y yo nos afeitábamos para ir al trabajo, le vi un bulto en el cuello. Le pregunté:

—Papá, ¿qué es eso que tienes allí?

—No sé. Hoy voy al médico para saber qué es —contestó.

Esa mañana fue la primera vez que vi asustado a mi padre.

El médico diagnosticó que ese bulto era cáncer. En los cuatro meses siguientes vi a mi padre morir de día en día. Parecía muy confundido por lo que estaba pasando. Siempre fue muy sano; era insoportable verlo pasar de setenta y cinco kilos de carne y músculos a cincuenta kilos de piel y huesos. Yo trataba de acercarme a él, pero creo que, preocupado como estaba, no podía concentrarse en mí ni en nuestros sentimientos mutuos.

Así, hasta la Nochebuena.

Ese atardecer, cuando llegué al hospital, descubrí que mamá y mi hermana habían pasado todo el día allí. Yo tomé la guardia para que ellas pudieran ir a descansar un poco. Cuando entré en la habitación, papá dormía. Me senté junto a la cama. De vez en cuando despertaba, pero estaba tan débil que yo apenas podía oír lo que decía.

A eso de las once y media, como sentía sueño, me acosté en un catre que había traído un enfermero y me quedé dormido. De repente, papá me despertó llamándome a gritos.

—¡Rick! ¡Rick!

Al incorporarme lo vi sentado en la cama, con expresión decidida.

—Quiero bailar. Quiero bailar ahora mismo—declaró.

En un principio no supe qué decir, qué hacer. Él insistió:

—Quiero bailar. Por favor, hijo, bailemos esta última pieza.

Me acerqué a la cabecera con una leve reverencia:

—¿Quieres bailar conmigo, papá?

Fue sorprendente. Casi no tuve que ayudarlo a levantarse. Su energía debe de haber surgido por la gracia de Dios. Tomados de la mano, abrazados, danzamos por la habitación.

No hay escritor capaz de describir la energía y el amor que compartimos esa noche. Nos convertimos en uno solo, unidos en el verdadero sentido del amor, la comprensión y el afecto mutuo. En ese momento pareció condensarse toda nuestra vida en común. El zapateo, la caza, la pesca, el golf: lo experimentamos todo a la vez. El tiempo no existía. No necesitábamos radio ni tocadiscos, porque toda canción compuesta o por componer estaba sonando en el aire. El pequeño cuarto era más grande que ningún salón en el que yo hubiera bailado. En las pupilas de papá refulgía un júbilo pesaroso que yo desconocía. Los ojos se nos llenaron de lágrimas. Era nuestra despedida. Al restarnos tan poco tiempo, ambos comprendíamos, una vez más, lo importante que era habernos amado así, sin límites.

Al terminar ayudé a mi padre a acostarse; ya estaba casi exhausto. Me tomó la mano con firmeza y dijo, mirándome a los ojos:

—Gracias, hijo mío. Me alegra mucho que estés aquí esta noche. Para mí es muy importante.

Murió al día siguiente, en Navidad.

Ese último baile fue el regalo que Dios me dio en Nochebuena: un regalo de felicidad y sabiduría, que me permitió descubrir cuán fuerte y poderoso puede ser el amor entre un padre y su hijo.

Bueno, papá, te amo y espero nuestro próximo baile en el salón de Dios.

Rick Nelles

Mi papito

Tenía tres años cuando perdimos a mi padre. Pero cuatro años después mamá volvió a casarse, y me convertí en la niñita más afortunada del mundo. Porque yo elegí a mi papito, ¿sabes? Cuando ella ya llevaba algún tiempo saliendo con "papá", le dije:

—Es éste. Nos quedamos con él.

Cuando se casaron, yo llevé la cesta de flores. Eso, por sí solo, fue maravilloso. ¿Cuántas personas pueden decir que estuvieron en la boda de sus padres y desfilaron por la nave de la iglesia?

Mi papá estaba muy orgulloso de su familia. (Dos años más tarde se agregó una hermanita.) Gente que apenas nos conocía solía decir a mi mamá:

—Charlie siempre parece feliz de estar contigo y con las chicas.

No era sólo una cuestión materialista. Papi estaba orgulloso de nuestra inteligencia, nuestras creencias, nuestro sentido común y nuestro amor por la gente (así como de mi graciosa sonrisa).

Poco antes de cumplir los diecisiete sucedió algo horroroso: mi papá se enfermó. A pesar de varios análisis, los médicos no pudieron hallar nada malo.

—Si nosotros, los "omnipotentes", no le encontramos nada... es porque está bien. —Y le dijeron que volviera al trabajo.

Al día siguiente volvió del trabajo con lágrimas en las mejillas. Así supimos que estaba mortalmente enfermo. Jamás había visto llorar a mi padre. Él estaba convencido de que el llanto era señal de debilidad; eso tornaba más interesante nuestra relación, puesto que yo, adolescente hormonal, lloraba por cualquier cosa, hasta por los avisos publicitarios.

Finalmente conseguimos que admitieran a papá en el hospital. Le diagnosticaron cáncer de páncreas. Los médicos dijeron que lo perderíamos en cualquier momento. Pero nosotros sabíamos que duraría por lo menos tres semanas más. Porque faltaba una semana para el cumpleaños de mi hermana y tres para el mío. Mi padre desafiaría a la muerte, pidiéndole fuerzas a Dios para resistir hasta que hubieran pasado los festejos. No podía permitir que pasáramos el resto de la vida con ese horrible recuerdo de nuestros cumpleaños.

Que la vida debe continuar se torna más evidente que nunca cuando alguien agoniza. Papi quería desesperadamente que nosotras siguiéramos adelante. Y nosotras queríamos, con igual desesperación, que él siguiera acompañándonos. Llegamos a un acuerdo: continuaríamos llevando "una vida normal", siempre que él siguiera participando activamente, aun desde el hospital.

Tras una de nuestras visitas diarias, su compañero de habitación siguió a mamá hasta el pasillo.

—Charlie siempre está tranquilo y optimista cuando ustedes vienen. No sé si se dan cuenta del dolor que está soportando. Recurre a toda su fuerza y resistencia para ocultarlo.

—Sé que lo oculta—respondió mi madre—, pero ésa es su manera de ser. Él nunca quiso que nosotras sufriéramos y sabe cuánto nos duele verlo padecer.

El Día de la Madre llevamos todos nuestros regalos al hospital. Papá nos esperó en el vestíbulo (porque mi hermana no tenía edad suficiente para que le permitieran entrar). Compré un regalo para que él se lo diera a mamá. En ese rincón del vestíbulo hicimos un maravilloso festejo.

A la semana siguiente fue el cumpleaños de mi hermana. Como papá no estaba en condiciones de bajar la escalera, celebramos con la torta y los regalos en la sala de espera de su piso.

En el siguiente fin de semana se celebró mi baile de graduación. Después de las acostumbradas fotos en mi casa y en la de mi acompañante, fuimos al hospital. Sí, caminé por el hospital con una falda larga hasta el suelo y enaguas armadas. Casi no cabía en el ascensor. Sentía un poco de vergüenza, pero se me pasó al ver la cara de papá. Había esperado muchos años para ver a su nenita vestida para el baile de graduación.

La academia de danzas de mi hermana siempre hace un ensayo general el día anterior al recital de fin de año. Es entonces cuando los familiares pueden tomar las fotos. Naturalmente, después del ensayo fuimos al hospital. Mi hermana desfiló por los pasillos con su vestido de bailarina. Después danzó para él. Papá no dejó de sonreír, aunque el zapateo debía de atronarle en la cabeza.

Y llegó mi cumpleaños. Hicimos que mi hermana entrara a hurtadillas en la habitación de papá, porque él no podía salir. (Las enfermeras, comprensivas, miraron hacia otro lado.) Y volvimos a celebrar. Papá no estaba nada bien. Era su hora de partir, pero él se resistía.

Esa noche nos llamaron del hospital. Papá había empeorado. Murió pocos días después.

Una de las lecciones más duras que se aprende de la muerte es que la vida debe continuar. Papá insistió en que nunca dejáramos de vivir lo nuestro. Se preocupó por nosotras hasta el final. ¿Su último deseo? Que lo enterraran con una foto de su familia en el bolsillo.

Kelly J. Watkins

¿Adónde van los gorriones cuando mueren?

Una de las preguntas que de niña me formulaba con frecuencia era: "¿Adónde van los gorriones cuando mueren?". En aquel entonces no conocía la respuesta y todavía me intriga. Ahora, cuando veo un pájaro muerto, silenciado por alguna fuerza maligna, sé que no ha muerto. Alguien lo mató: se lo llevaron los elementos, como alma perdida en la noche.

Cuando tenía seis años, mi mejor amigo era un chico de la misma cuadra. Solíamos jugar en mi arenero, conversando de cosas que los adultos habían olvidado hacía mucho tiempo: sobre no crecer jamás, por ejemplo, o sobre los monstruos que había bajo la cama y en los armarios oscuros. Se llamaba Tommy, pero yo le decía Gorrión, porque era menudo para su edad. Resulta irónico pensar ahora en ese nombre, porque él también murió.

Recuerdo el día en que descubrí que Tommy iba a morir. Lo esperaba en el arenero, construyendo sin muchas ganas el castillo que habíamos empezado el día anterior. Sin Tommy, yo era sólo media persona; por eso lo esperé lo que me pareció una eternidad. Comenzó a llover.

De pronto oí un retintín lejano en la casa. Unos diez minutos después salió mi madre, protegiéndose con un paraguas; aun así tenía la cara mojada. Entramos juntas en la casa. En el umbral me volví a contemplar la lluvia, que derribaba el castillo de arena construido por Tommy y por mí.

Una vez dentro, con una taza de chocolate caliente en la panza, mi madre me llamó a la mesa. Me cubrió las manos con las suyas. Temblaban. De inmediato comprendí que a Tommy le había sucedido algo. Me dijo que los médicos le habían hecho algunos análisis de sangre. En los resultados había algo malo. Ese algo se llamaba leucemia. Yo ignoraba qué era, de modo que miré a mi madre con los ojos confundidos, pero con el corazón apesadumbrado. Ella me dijo que, cuando alguien se pescaba eso (mejor dicho, cuando eso pescaba a alguien), se tenía que ir. Yo no quería que Tommy se fuera. Lo necesitaba conmigo.

Al día siguiente quise ver a Tommy. Tenía que comprobar si era cierto. Hice que el conductor del transporte escolar me dejara ante su puerta y no ante la mía. La madre de Tommy me dijo que él no quería verme. Esa mujer no tenía idea de lo fácil que es herir a una pequeña. Me rompió el corazón como si fuera un trozo de vidrio barato. Corrí a casa bañada en lágrimas. Después llamó Tommy; me pidió que lo esperara en el arenero cuando nuestros padres estuvieran acostados. Y lo hice.

No se lo veía distinto; algo más pálido, quizá, pero era Tommy. Y quería verme, sí. Mientras hablábamos de esos temas incomprensibles para los adultos, reconstruimos nuestro castillo de arena. Tommy dijo que podríamos vivir en uno como ése y no crecer jamás. Yo le creí de todo corazón. Allí nos quedamos dormidos, envueltos en una auténtica amistad, rodeados de arena caliente y vigilados por nuestro castillo.

Desperté poco antes del amanecer. Nuestro arenero era

como una isla desolada, rodeada por un mar de césped, que sólo se interrumpía en el patio trasero y en la calle. La imaginación de los niños no tiene fin. El rocío hacía que en ese mar imaginario se reflejara un intenso fulgor; recuerdo que alargué la mano para tocar esas gotas, para ver si el agua de mentirijillas ondulaba, pero no fue así. Giré en redondo y Tommy me devolvió a la realidad con un respingo. Ya estaba despierto, contemplando el castillo. Me fui junto a él y así nos quedamos, encerrados en la sobrecogedora magia que tiene un castillo de arena para los niños pequeños.

Tommy rompió el silencio para decir:

—Ahora voy a entrar en el castillo.

Nos movimos como robots, como si supiéramos lo que hacíamos; creo que, en cierto sentido, así era. Tommy apoyó la cabeza en mi regazo y dijo, soñoliento:

—Me voy al castillo. Ven a visitarme. Allá estaré muy solo.

Le prometí que lo haría, de todo corazón. Luego él cerró los ojos y mi Gorrión se fue volando, hacia el sitio en que (en ese momento lo supe) van todos los gorriones cuando mueren. Y allí me dejó, sosteniendo en los brazos un pajarito baldado, sin alma.

Veinte años después volví a la tumba de Tommy para poner en ella un pequeño castillo de juguete. En él había grabado: "Para Tommy, mi Gorrión. Algún día iré a nuestro castillo para siempre".

Cuando esté lista, volveré al lugar donde estaba nuestro arenero para imaginar nuestro castillo. Entonces mi alma, como la de Tommy, se convertirá en un gorrión para volar hacia el castillo, hacia Tommy, hacia todos los gorrioncitos perdidos: seré nuevamente una niña de seis años, que no crecerá jamás.

Casey Kokoska

Vísteme de rojo, por favor

En mi doble profesión de educadora y trabajadora de la salud, he tenido contacto con muchos niños infectados por el virus del sida. Las relaciones que mantuve con esos niños especiales han sido grandes dones en mi vida. Ellos me enseñaron muchas cosas, y descubrí, en particular, el gran coraje que se puede encontrar en el más pequeño de los envoltorios. Permíteme que te hable de Tyler.

Tyler nació infectado con el hiv; su madre también lo tenía. Desde el comienzo mismo de su vida, el niño dependió de los medicamentos para sobrevivir. Cuando tenía cinco años le insertaron quirúrgicamente un tubo en una vena del pecho. Ese tubo estaba conectado a una bomba, que él llevaba a la espalda, en una pequeña mochila. Por allí se le suministraba una medicación constante que iba al torrente sanguíneo. A veces también necesitaba un suplemento de oxígeno para complementar la respiración.

Tyler no estaba dispuesto a renunciar a un solo momento de su infancia por esa mortífera enfermedad. No era raro encontrarlo jugando y corriendo por su patio, con su mochila cargada de medicamentos y arrastrando un carrito con el tubo de oxígeno. Todos los que lo conocíamos nos maravillábamos de su puro gozo de estar vivo y la energía que eso le brindaba. La madre solía bromear con él diciéndole que, por lo rápido que era, tendría que vestirlo de rojo para poder verlo desde la ventana, cuando jugaba en el patio.

Con el tiempo, esa temible enfermedad acaba por desgastar hasta a pequeñas dínamos como Tyler. Su enfermedad se agravó. Por desgracia, sucedió lo mismo con su madre, también infectada con el HIV. Cuando se tornó evidente que Tyler no iba a sobrevivir, la mamá le habló de la muerte. Lo consoló diciéndole que ella también iba a morir y que pronto estarían juntos en el cielo.

Pocos días antes del deceso, Tyler hizo que me acercara a su cama del hospital, para susurrarme:

—Es posible que muera pronto. No tengo miedo. Cuando me muera, vísteme de rojo, por favor. Mamá me prometió venir también al cielo. Cuando ella llegue yo estaré jugando y quiero asegurarme de que pueda encontrarme.

Cindy Dee Holms

No te preocupes, todo saldrá bien

Como madre y psicopedagoga, veo muchas amistades extraordinarias entre niños. La de mi hijo Court y su amigo Wesley es realmente excepcional.

Court no ha tenido una niñez fácil, pues padece una discapacidad en el habla y un grave retraso motor. A los cuatro años conoció a Wesley en el preescolar de Educación Especial. Wesley tenía un tumor cerebral que le provocaba retrasos parecidos a los de mi hijo. De inmediato se creó un vínculo y se convirtieron en los mejores amigos del mundo. No había día completo para ninguno de ellos si uno de los dos faltaba a la escuela.

A los dos años, a Wesley le habían diagnosticado un tumor inoperable en el tronco cerebral. Soportó varias intervenciones que no dieron resultado. Finalmente comenzó a arrastrar de manera notoria la pierna mientras jugaba. Las radiografías mostraron un significativo crecimiento del tumor. Una vez más, Wesley tuvo que someterse a una operación, que se llevó a cabo en la ciudad de Oklahoma.

Court y Wesley tuvieron la bendición de contar con una maestra maravillosa durante los años de preescolar. No encontré una mejor en toda mi carrera de psicopedagoga.

Ella trató de preparar a sus párvulos para la operación de Wesley y el viaje a Oklahoma. Court se emocionó mucho y se echó a llorar. No quería que su mejor amigo viajara tan lejos en avión; mucho menos, que un médico le hiciera doler. El día de la partida, Wesley se despidió de toda la clase. A Court le corrían las lágrimas por las mejillas. Luego la maestra despidió a los otros para que los dos pudieran decirse adiós a solas. Mi hijo temía no ver nunca más a su mejor amigo. Wesley, frágil y mucho más bajo que Court, lo abrazó a la altura del pecho, mirándolo con ojos sabedores, y le dijo en tono reconfortante:

—No te preocupes, todo saldrá bien.

La operación era sumamente peligrosa, pero él resistió, una vez más. Después de muchas semanas volvió a la escuela. Court y él intimaron más que nunca.

Con el correr de los años, Wesley tuvo que someterse a varias operaciones más y a un tratamiento con diversas drogas experimentales. En cada oportunidad sufría efectos colaterales que lo dejaban incapacitado. Pasaba gran parte de sus días confinado en la silla de ruedas o llevado de un sitio a otro.

A Wesley le encantaban las maratones escolares y participaba de ellas como le fuera posible. Aunque las piernas ya no le respondían, no se podía decir lo mismo de quienes lo rodeaban. Un año corrió en su silla de ruedas, empujado por su madre, animándola a gritos: "¡Más rápido, mamá!" Otra vez participó llevado en hombros por el padre de otro niño.

A los once años ya se habían agotado todas las posibilidades de la cirugía y de las medicinas alternativas. El tumor era dueño de su delicado cuerpo. Ese año, el 9 de marzo, la maestra notificó a Court que había llegado el momento de despedirse definitivamente de su querido amigo. Wesley estaba en su casa, sin esperanzas de sobrevivir.

Cuando Court cumplió los once años había hecho ya grandes progresos en su desarrollo. Aún tenía dificultades escolares evidentes y la maratón no era su especialidad. El día después de esa llamada telefónica, mi hijo participó de la maratón. Estaba recobrándose de un resfrío y un episodio de asma, pero me persuadió de que le permitiera ir a la escuela. Esa tarde, cuando pasé a buscarlo, dijo que le ardían los pulmones. Traía un certificado con una refulgente cinta roja: había ganado el primer premio. El diploma decía: "Primer premio para alumnos de quinto grado: otorgado a Court y dedicado a su amigo Wesley".

Mi hijo no suele ser uno de esos niños seguros de sí, capaces de mostrar agallas frente a cualquier situación; sin embargo, esa noche insistió en que lo llevara a ver a Wesley. La madre del enfermo organizó todo de modo que lo visitáramos entre dos medicaciones. Wesley estaba en la cama, en el cuarto de estar. Una luz tenue iluminaba su cuerpo frágil y angelical; en la sala sonaba una suave música religiosa. Entre el cáncer y los medicamentos para calmar el dolor, era muy poco lo que podía hacer: ocasionalmente llegaba a estrecharte un dedo y a abrir un solo ojo.

La madre se las compuso para despertarlo y le hizo entender que Court estaba allí, con él. Mi hijo le tomó la mano y le mostró el diploma con la cinta, hablándole de sus desesperados deseos de ganar en nombre de Wesley, ya que él no podía participar. Su amigo le apretó un dedo, cambiando con él una mirada que sólo ellos comprendieron. Al inclinarse para darle un beso, Court susurró:

—Adiós, Wesley, amigo. No te preocupes, todo saldrá bien.

Wesley llegó a cumplir los once años, pero murió en el mismo mes de junio. Court hizo todo lo que se hace habitualmente en un funeral, pero cuando le preguntaron qué sentía, explicó que ya se había despedido de su mejor amigo, y que para Wesley, sin duda, "todo saldría bien".

Supuse que la historia de esa amistad había terminado con la muerte de Wesley. Me equivocaba. Exactamente un año después, Court enfermó gravemente de meningitis. En la sala de emergencias se aferró desesperadamente a mí. Los dos estábamos asustados. Él tenía escalofríos y no podía contener los temblores. Mientras el médico terminaba de extraer el fluido espinal, Court y yo experimentamos una cálida e indescriptible serenidad. De inmediato mi hijo se relajó, dejando de temblar. Cuando el médico y la enfermera hubieron salido, los dos nos miramos. Court, completamente compuesto, me dijo:

—Wesley estuvo aquí, mamá. Me dijo: "No te preocupes, todo saldrá bien".

Creo, de todo corazón, que algunas amistades no mueren jamás.

Janice Hunt

El eterno optimista

Hemos tenido la suerte de tener tres hijos varones. Cada uno de ellos, con su personalidad característica, nos aportó un gozo especial, pero a Billy, el segundo, lo apodamos cariñosamente "el eterno optimista". Nos gustaría poder atribuirnos el mérito de esa actitud, pero es algo que trajo al nacer. Por ejemplo: siempre se levantaba temprano, a las cinco de la mañana, y se metía en nuestra cama. Nosotros le recomendábamos que se quedara quieto y siguiera durmiendo. Entonces él se tendía de espaldas, diciendo en un falsete susurrante:

—Vamos a tener una linda mañana. Los pájaros están cantando.

Cuando le pedíamos que no nos hablara, replicaba:

—No estoy hablando con ustedes. Hablo conmigo.

En el jardín de infantes le pidieron que dibujara un tigre. Ahora bien: si el optimismo es el punto fuerte de Billy, no se puede decir lo mismo de las artes plásticas. Su tigre salió con la cabeza torcida y un ojo que parecía cerrado. Cuando la maestra le preguntó por qué el tigre tenía un ojo cerrado, él respondió:

—Porque está diciendo: ¡Te estoy mirando, nene!

A los cinco años se trabó en discusión con su hermano mayor; lo que se discutía era si un hombre que salía por televisión era calvo o no. Billy dijo:

—No es calvo. Es como papá. Sólo es calvo cuando viene hacia ti, pero cuando se aleja de ti, ¡tiene mucho pelo!

Estos recuerdos y muchísimos más condujeron al colmo del optimismo. Un martes, Tanner, nuestro hijo menor, sufrió un síndrome de uremia hemolítica y falleció al domingo siguiente. Por entonces Billy tenía siete años. Por lo general, después de acostar a Billy yo me quedaba un rato tendida a su lado para conversar de lo sucedido en el día. La noche después de los funerales permanecimos callados en la oscuridad; no había mucho que decir. De pronto Billy comentó:

—Lo lamento por nosotros, pero casi lo lamento más por toda la otra gente.

Le pregunté a quiénes se refería y él me explicó:

—La gente que no conoció a Tanner. Nosotros tuvimos la suerte de tenerlo en casa por veinte meses. Piensa en todos los que no pudieron conocerlo. Realmente, hemos tenido muchísima suerte.

Beth Dalton

Para que me recuerden

Llegará el día en que mi cuerpo yazga sobre una sábana blanca, bien ajustada al colchón de un hospital, donde todos estarán ocupados con la vida y con la muerte. En un momento dado, un médico determinará que mi cerebro ha dejado de funcionar y que, para todos los fines, mi vida ha cesado.

Cuando eso ocurra, no tratéis de infundirme vida artificial por medio de una máquina. Y no llaméis a ése mi lecho de muerte. Corvirtámoslo en el lecho de vida. Que mi cuerpo sea retirado de él para ayudar a que otros tengan una vida más plena.

Dad mi vista al hombre que nunca vio un amanecer, el rostro de un bebé ni el amor en los ojos de una mujer. Dad mi corazón a una persona que no haya recibido del suyo otra cosa que incontables días de dolor. Dad mi sangre al adolescente al que arrancaron de las ruinas de su auto, para que llegue a ver jugar a sus nietos. Dad mis riñones a alguien que dependa de una máquina para subsistir, de semana en semana. Tomad mis huesos, cada uno de mis músculos, cada fibra y cada nervio de mi cuerpo, y buscad la manera de que sirvan para que un niño lisiado camine.

Explorad cada rincón de mi cerebro. Tomad mis células, si es necesario, y hacedlas crecer, para que algún día un niño sin habla pueda gritar un gol y una niña sorda perciba el rumor de la lluvia contra su ventana.

Quemad lo que reste de mí y esparcid las cenizas a los vientos, para que las flores crezcan mejor.

Si es preciso sepultar algo, que sean mis errores, mis debilidades y todos los prejuicios contra mi prójimo.

Dad mis pecados al diablo. Dad mi alma a Dios.

Si por ventura queréis recordarme, hacedlo con una buena acción o con una palabra amable para quien las necesite. Si hacéis todo lo que he pedido, viviré por siempre.

Robert N. Test
Enviado por Ken Knowles

Quédate con el tenedor

La voz de Martha del otro lado de la línea siempre ponía una sonrisa en la cara del hermano Jim. No sólo era uno de los miembros más antiguos de su congregación, sino también uno de los más fieles. Tía Marti, como la llamaban los niños, parecía exudar fe, esperanza y amor dondequiera que estuviese.

Sin embargo, esa vez parecía haber un tono desusado en sus palabras.

—¿Puede pasar por casa esta tarde, hermano? Necesito hablar con usted.

—Por supuesto. Iré alrededor de las tres, si le parece bien.

Se sentaron frente a frente en la calma de su pequeña sala. Entonces Jim descubrió el motivo de lo que había percibido en la voz de Martha: su médico había descubierto un tumor que, hasta entonces, había pasado inadvertido.

—Dijo que me quedan unos seis meses de vida. —Lo que manifestaba era grave, por cierto, pero lo hacía con una serenidad indefinible.

—Lamento mucho que...

Pero antes de que Jim pudiera terminar su frase, ella lo

interrumpió:

—No tiene por qué. El Señor ha sido bueno conmigo. He tenido una vida larga y estoy lista para irme. Usted lo sabe.

—Lo sé—susurró Jim, con un gesto reconfortante.

—Pero quería hablar con usted sobre mis funerales. He estado pensando en eso. Quiero dejar indicadas algunas cosas.

Los dos conversaron largo rato en voz baja. Hablaron de los himnos favoritos de Martha, de los pasajes bíblicos que más la habían conmovido a lo largo de los años y de los momentos que habían compartido, durante los cinco años que Jim llevaba en la Iglesia Central.

Cuando parecían haberlo resuelto todo, tía Marti hizo una pausa para mirarlo, con un chisporroteo en los ojos. Luego añadió:

—Una última cosa, hermano. Cuando me entierren, quiero llevar mi vieja Biblia en una mano y un tenedor en la otra.

—¿Un tenedor? —Jim creía haberlo oído todo, pero eso lo tomó desprevenido.—¿Por qué quiere que la entierren con un tenedor?

—Estuve recordando todas las cenas y banquetes de la iglesia a los que asistí en mi vida—explicó ella—. No podría siquiera comenzar a contarlos. Pero hay algo que me ha quedado en la mente.

"En todas esas reuniones, tan simpáticas, siempre sucedía lo mismo cuando terminábamos de comer. El camarero o la anfitriona pasaban retirando los platos sucios. Entonces, si la cena era de las mejores, se inclinaba por sobre mi hombro y me susurraba: "Puedes quedarte con el tenedor". ¿Sabe qué significaba eso? ¡Que venía el postre!

"Y no era un poco de gelatina, un flan o un helado,

porque esas cosas se pueden comer sin tenedor. Era un postre de los buenos: torta de chocolate, pastel de cerezas, algo así. Cuando me decían que me quedara con el tenedor era porque aún faltaba lo mejor.

"De eso quiero que se hable en mi velorio. No está mal que mencionen los buenos tiempos que pasamos juntos; eso sería bonito. Pero cuando desfilen junto a mi cajón, cuando me vean con mi lindo vestido azul, quiero que se miren y se pregunten: "¿Y ese tenedor?"

"Y eso es lo que usted tendrá que decir. Debe explicarles que me quedé con el tenedor porque aún falta lo mejor.

Roger William Thomas

En el cielo no hay sillas de ruedas

Mi abuelo era sacerdote budista. Para la época de su muerte había llegado a ser el sacerdote caucasiano de rango más alto. Pero no era este mérito lo que llamaba la atención cuando uno estaba en presencia de mi abuelo, sino la energía que emanaba de él. Sus claros ojos verdes chisporroteaban con una vitalidad misteriosa. Aunque era callado, siempre se destacaba en medio de una muchedumbre. De él brotaba un fulgor interior. El silencio parecía hablar profundamente a su alrededor.

Mi abuela, su esposa, era católica, una mujer adelantada a su época, brillante y enérgica. Yo la llamaba Gagi, pues la primera palabra que surgió de mis labios fue "gaga" y ella tuvo la certeza de que yo trataba de pronunciar su nombre. Así que fue y sigue siendo Gagi en la actualidad.

Gagi había dedicado su vida al marido, y se convirtió en la fuente de todos los ingresos que tuvieron la pareja y sus cinco hijos en cincuenta años de matrimonio. De ese modo el abuelo pudo dedicarse libremente a su misión de sacerdote y al socorro de los necesitados, además de oficiar como anfitrión ante los dignatarios del mundo entero que frecuentaban su templo. Cuando el abuelo murió, en la vida de Gagi se apagó la luz, y una profunda depresión la reemplazó. Había perdido su foco principal; se retiró del mundo e ingresó en el período del duelo.

En esos días tomé la costumbre de visitarla una vez por semana, sólo para hacerle saber que estaba a su disposición, si me necesitaba.

Pasó el tiempo y, como siempre, el corazón cicatrizó siguiendo el curso natural de las cosas.

En una de mis visitas a Gagi, años después, la encontré sentada en su silla de ruedas pero radiante, con fuego en los ojos. Como yo demoraba los comentarios sobre su obvio cambio de actitud, me enfrentó:

—¿No quieres saber por qué estoy tan feliz? ¿No sientes curiosidad?

—Por supuesto, Gagi—me disculpé—. Dime, ¿por qué estás tan feliz? ¿Qué te ha llevado a ese estado de ánimo?

—Anoche recibí una respuesta. Finalmente sé por qué Dios se llevó a tu abuelo y me dejó aquí—declaró.

—¿Por qué, Gagi?

Como si me revelara el secreto más grande del mundo, bajó la voz y se inclinó hacia adelante para decirme:

—Tu abuelo conocía el secreto de la buena vida y la practicaba día tras día. Se había convertido en amor incondicional en acción. Por eso tenía que irse primero. Y por eso yo tuve que seguir aquí.

Hizo una pausa reflexiva antes de continuar.

—Lo que yo tomé como un castigo era, en verdad, un don. Dios permitió que me quedara para que pudiera convertir mi vida en amor. Anoche se me demostró que allá arriba no se puede aprender la lección del amor —agregó, señalando el cielo—. Es preciso vivir el amor aquí, en la Tierra. Cuando la abandonas ya es demasiado tarde. Por eso se me otorgó el don de la vida: para que aprendiera a vivir el amor aquí y ahora.

Desde ese día en adelante, mis visitas a Gagi se colmaron de una combinación única de sorpresas constantes y cosas compartidas. Aunque su salud se debilitaba, era realmente feliz. En verdad había encontrado una razón para vivir y un objetivo que justificaba su existencia.

Cierta vez, cuando subí a verla, golpeó con entusiasmo el brazo de su silla de ruedas al tiempo que me decía:

—¿A que no adivinas qué pasó esta mañana?

Respondí que no sabía. Ella continuó, con creciente vigor:

—Esta mañana tu tío se enojó conmigo por algo que yo había hecho. No me acobardé. Recibí su enojo, lo envolví con amor y se lo devolví con alegría. —Le chispeaban los ojos.— Hasta fue divertido. Y su enojo desapareció, naturalmente.

Pasaban los días y se sumaban las visitas, mientras Gagi practicaba sus lecciones de amor. Mientras tanto, la vejez continuaba su curso implacable. Cada entrevista era una nueva aventura en la que ella me narraba sus anécdotas. Conquistó interiormente muchísimos de sus hábitos y se renovaba sin cesar. Estaba dando a luz un ser nuevo y vital.

Con el correr de los años su salud empeoró. La internaban con frecuencia. Un mes de noviembre, apenas pasada Acción de Gracias, ingresó nuevamente en el hospital; tenía ya noventa y siete años.

Bajé del ascensor en el cuarto piso y me dirigí a la sala de enfermeras.

—¿Cuál es la habitación de la señora Hunt? —pregunté.

La enfermera de turno apartó rápidamente la vista de lo que estaba leyendo y se quitó los anteojos.

—¡Usted debe de ser la nieta! La está esperando, señora. Nos pidió que estuviéramos atentas por si usted llegaba.

Permítame que la acompañe.

Mientras caminábamos por el pasillo, la enfermera se detuvo de pronto para mirarme a los ojos.

—Su abuela es una señora muy especial, ¿sabe? Es un sol. Aquí todas pedimos que nos asignen su cuarto cuando estamos de turno. Nos encanta llevarle los medicamentos, porque en ella hay algo. —Se interrumpió, azorada casi por la posibilidad de haber dicho demasiado. —Pero usted ya ha de saberlo, por supuesto.

—Es muy especial, sí—reflexioné.

Y una vocecita interior me susurró: "Gagi ha alcanzado su objetivo. Su tiempo llega a su fin".

Sucedió dos días después de Navidad, después de haber pasado un par de horas con mi abuela. Ese anochecer, mientras descansaba en mi casa, oí súbitamente una orden: "¡Levántate! ¡Ve al hospital, ahora mismo! ¡No vaciles! ¡Corre al hospital!".

Me puse a toda prisa un par de vaqueros y una remera, me lancé al auto y volé al hospital. Después de estacionar como pude, corrí al ascensor para subir al cuarto piso. Al llegar a la puerta de su habitación vi adentro a mi tía, con el rostro de Gagi entre las manos. Levantó hacia mí los ojos llenos de lágrimas.

—Se ha ido, Trin—me dijo—. Se fue hace cinco minutos. Eres la primera en llegar.

La cabeza me daba vueltas, me acerqué a la cama, pidiendo a Dios que no fuera cierto, y busqué el pulso. Su corazón estaba callado; Gagi se había ido. Con su mano aún tibia en la mía, contemplé el viejo y hermoso cuerpo que había albergado el alma de esa mujer adorada. Gagi había cuidado de mí en mis primeros años. Me pagó la ropa y los estudios en los tiempos en que mis padres eran jóvenes y apenas podían solventar el hogar. Me sentía perdida; no podía creer que mi amada abuela, mi queridísima Gagi, hubiera desaparecido.

Recuerdo el dolor, el vacío con que rodeé esa noche su cama, tocando su cuerpo precioso. Me sentía abrumada por impresiones que jamás había experimentado. Ahí estaban las piernas y los brazos que yo conocía tan bien, pero ella, ¿dónde estaba? Su cuerpo estaba desierto; ¿adónde se había ido? Sumida en mis pensamientos, imploré una respuesta.

De pronto, hubo un destello de luz y una descarga de energía. Mi abuela flotaba cerca del techo, por sobre su cuerpo vacío. La silla de ruedas había desaparecido. Y ella danzaba en medio de esa luz.

—¡No me he ido, Trin! —exclamó—. Abandoné mi cuerpo, pero todavía estoy aquí. Mira, Trin: he recuperado el uso de mis piernas. En el cielo no hay sillas de ruedas, ¿sabes? Estoy con tu abuelo y mi gozo no tiene límites. Cuando mires mi cuerpo desierto, has de comprender el secreto de la vida. Recuerda siempre que, cuando te vas, no puedes llevarte nada físico. Yo no podía llevarme el cuerpo, ni un centavo de todo el dinero que gané, ni las cosas que fui acumulando. Tuve que dejar hasta mi objeto más precioso: el anillo de bodas que me dio tu abuelo.

La luz de Gagi era muy intensa.

—Vas a conocer a mucha gente, Trin —continuó—, y debes compartir esta verdad con todos ellos. Diles a todos que sólo una cosa podemos llevarnos cuando partimos, y es la cuenta de todo el amor que supimos dar. Nuestra vida, hija mía, se mide por lo que damos, no por lo que recibimos.

Dicho eso, la luz de mi abuela desapareció.

Han pasado muchos años desde ese momento, pero el mensaje de mi abuela se mantiene. Lo llevo grabado en forma indeleble en el corazón. Está escrito en las pequeñas cosas que hago a diario para tratar de mejorar mi carácter. Gagi me quiso con todo su corazón. En el curso de su vida me cubrió de regalos. Pero en ese momento supe que me había dado el último, el más grandioso: con su muerte renovó mi vida.

D. TrinidadHunt

5

UNA CUESTIÓN DE PERSPECTIVA

Las cosas no cambian. Uno cambia la manera de mirar; eso es todo.

Carlos Castaneda

El ladrón de bollos

Una mujer esperaba su avión en el aeropuerto;
Era de noche y faltaban largas horas para el vuelo.
En busca de un buen libro fue a la tienda y, por allí,
compró una bolsa de bollos y halló un rincón para sí.

Atenta estaba a su libro cuando a su costado vio
a un hombre que se sentaba, tan audaz como el peor,
Él tomó uno o dos bollos de la bolsa entre los dos.
Ella fingió no ver nada, para evitar discusión.

Leyó y comió sus bollitos, siempre mirando el reloj,
Mientras el ladrón, tan fresco, disminuía su stock.
Su irritación aumentaba viendo la bolsa menguar.
"Fuera yo otra—pensaba— ¡buen golpe le habría de dar!"

Cuando ella tomaba un bollo, él se llevaba uno más.
Por fin, quedando uno solo, ella no supo qué hacer.
Con una risa nerviosa y una mueca de entender,
Él tomó el último bollo y lo partió a la mitad.

Le ofreció una parte a ella y se comió lo demás.

Ella arrebató el pedazo, pensando: "Oh, mi buen Dios,
Este tipo es atrevido, carece de educación.
Ni siquiera ha dicho 'gracias', como cabría esperar".

No recordaba otra afrenta igual en toda su vida,
Y suspiró con alivio cuando el vuelo se anunció.
Sin volver una mirada hacia el ingrato ladrón,
recogió sus pertenencias y marchó hacia la salida.

A bordo ya del avión, instalada en su butaca,
Decidió sacar el libro y terminar la novela.
La mano, dentro del bolso, le deparó una sorpresa:
Ante sus ojos tenía de bollos la bolsa intacta.

"Si los míos aquí están —se quejó desesperada—,
¡aquéllos eran de él, que me cedió una gran parte!"
Sólo entonces comprendió, ya sin poder disculparse,
¡que era ella la ladrona, la descortés y la ingrata!

Valerie Cox

¿Usted es rica, señora?

Los vi apelotonados junto a la puerta fiambrera: dos niños con abrigos gastados y raídos.

—¿Tiene diarios viejos, señora?

Yo estaba muy ocupada. Iba a decirles que no... pero les miré los pies. Calzaban sandalias my livianas, empapadas por el aguanieve.

—Pasen. Les voy a preparar una taza de chocolate caliente.

No hubo ninguna conversación. Las sandalias mojadas dejaron marcas en la piedra del hogar.

Les serví chocolate y tostadas con mermelada, para que pudieran resistir el frío exterior. Luego volví a la cocina, a seguir planificando los gastos domésticos.

De pronto me llamó la atención el silencio que reinaba en la sala. Asomé la cabeza.

La niña tenía la taza vacía en las manos y la estaba observando. El varón preguntó, con voz inexpresiva:

—¿Usted es rica, señora?

—¿Que si soy rica? ¡No, Dios mío! —exclamé, echando un vistazo a las harapientas fundas de los sillones.

La niña dejó la taza en el platito, con mucho cuidado.

—Pero sus tazas hacen juego con los platos. —Su voz sonaba a vejez, a un hambre que no estaba en el estómago. Luego se marcharon, apretando sus atados de papeles para protegerlos del viento. No me habían dado las gracias. No hacía falta. Me habían dado algo mucho mejor. ¡Sencillas tazas de loza azul... pero con platitos haciendo juego!

Probé las papas y revolví la salsa del estofado. Estofado con papas, un techo que me protegía y un marido con empleo seguro. Esas cosas también hacían juego.

Aparté los sillones del fuego y limpié la sala. En la piedra del hogar se veían aún las huellas lodosas de esas pequeñas sandalias. Las dejé allí. Quiero verlas, por si alguna vez olvido lo rica que soy.

Marion Doolan

Una flor en el pelo

Ella siempre usaba una flor en el pelo. Siempre. En gene-ral, me parecía que estaba fuera de lugar. ¿Una flor a mediodía? ¿En la oficina? ¿Para ir a una reunión de profesionales? Era aspirante a diseñadora gráfica en la empresa donde yo trabajaba. Todos los días entraba en la oficina, decorada en un seco estilo ultramoderno, con una flor en el pelo, que le llegaba a los hombros. Casi siempre, su color combinaba con el de su atuendo, por lo demás adecuado. Lucía como una pequeña sombrilla de colores vívidos, prendida al gran telón de fondo que formaban sus ondas morenas.

En ocasiones (cuando celebrábamos la Navidad, por ejemplo) esa flor añadía un toque festivo que resultaba oportuno. Pero en el trabajo parecía fuera de lugar. Las mujeres más profesionales de la oficina estaban prácticamente indignadas; opinaban que alguien debía llevarla aparte e informarle cuáles eran las reglas para que a uno lo tomen en serio en el mundo de los negocios. Otras, incluida yo misma, lo veíamos como un simple capricho personal; en la intimidad la llamábamos "la florida".

—¿La florida ya terminó el diseño preliminar del

proyecto para Wal-Mart? —preguntaba una, con una sonrisita aviesa.

—Por supuesto. Hizo un trabajo estupendo. La verdad es que la muchacha está floreciente—podía ser la respuesta, con mucho aire de superioridad y diversión compartida.

Por entonces, esas bromas nos parecían inocentes. Que yo supiera, nadie había preguntado a la joven por qué llevaba una flor a la oficina, día tras día. En realidad, probablemente habría sido más fácil que la interrogáramos si algún día se hubiera presentado sin ella.

Y un día, así fue. Cuando entró en mi oficina con su proyecto, me extrañé:

—Veo que hoy no se ha puesto ninguna flor en el pelo. Estoy tan acostumbrada a vérsela que es como si le faltara algo.

—Oh, sí—respondió, en tono bastante sombrío. Eso contrastaba con su personalidad, habitualmente alegre y animosa. La pesada pausa siguiente me instó a preguntar:

—¿Se siente bien?

Aunque esperaba que respondiera que sí, sabía intuitivamente que eso encerraba algo más importante.

—Bueno—musitó, con las facciones abrumadas de recuerdos y dolor—, hoy es el aniversario de la muerte de mi madre. La extraño mucho. Creo que me siento algo triste.

—Comprendo—dije. Me inspiraba compasión, pero no quería meterme en terrenos emotivos.— Supongo que le cuesta hablar del tema.

Mi parte empresarial ansiaba que ella lo confirmara, pero en el fondo sabía que eso entrañaba algo más.

—No, no, está bien. Sé que hoy estoy demasiado sensible. Para mí es un día de duelo, ¿comprende?

Y comenzó a contarme su caso.

—Mi madre sabía que el cáncer la estaba matando. Cuando murió yo tenía quince años. Éramos muy unidas. Ella era una mujer llena de generosidad, de amor. Como sabía que iba a morir, me grabó un mensaje filmado para cada cumpleaños, desde los dieciséis hasta los veinticinco. Hoy cumplo los veinticinco años. Esta mañana vi el video que preparó para este día. Creo que todavía lo estoy digiriendo. ¡Y cómo me gustaría tenerla conmigo!

—Bueno, créame que la acompaño en su sentimiento— dije, con toda sinceridad.

—Gracias por ser tan buena—replicó—. Ah, con respecto a la flor... Cuando yo era chica mamá solía ponerme flores en el pelo. Un día, estando ella internada, le llevé una bella rosa de su jardín. Cuando se la acerqué a la nariz para que percibiera el perfume, ella la tomó y, sin decir palabra, me apartó la melena de la cara y me la puso en el pelo, como cuando era chiquita. Murió ese mismo día.

Los ojos se le llenaron de lágrimas.

—Desde entonces siempre uso una flor en el pelo. Es como si ella me acompañara, aunque sólo sea en espíritu. —Suspiró.— Pero hoy vi el video que preparó para este cumpleaños; me decía que lamentaba no poder verme crecer y que esperaba haber sido buena madre. Y que le gustaría recibir alguna señal indicativa de que yo podía bastarme sola. Así pensaba mi madre; así hablaba. — Sonrió con afecto ante el recuerdo.— Era muy sabia.

Asentí con la cabeza.

—Así parece, en efecto.

—Y yo pensé: ¿cuál podría ser esa señal? Entonces me pareció que debía dejar de ponerme la flor. Pero echo de menos lo que representaba.

Sus ojos de avellana se perdieron en recuerdos.

—Fue una gran suerte tener una madre como ella. Pero

no necesito usar una flor para recordarla. En realidad, lo sé perfectamente. Era sólo un signo exterior de los recuerdos que yo había atesorado, y que me siguen acompañando, aunque no use la flor. Pero la voy a extrañar... Ah, aquí está el proyecto. Espero que le guste.

Me entregó la carpeta pulcramente preparada, firmada y con su marca distintiva: una flor dibujada a mano bajo el nombre.

Recuerdo haber oído decir, cuando era joven: "Nunca juzgues a otra persona sin haber caminado un kilómetro con sus zapatos". Pensé en las veces que había criticado sin ninguna sensibilidad a esa joven de la flor en el pelo. Era trágico que lo hubiera hecho sin estar informada, sin conocer la historia de la muchacha y la cruz que debía soportar. Si me enorgullecía de conocer cada faceta de mi empresa, por intrincada que fuera, de saber con exactitud cómo se coordinaban las distintas funciones, ¿no era trágico haber supuesto que la vida personal no tenía nada que ver con la profesión? ¿Pensar que cada uno debía dejar sus cosas privadas a la puerta cuando entraba en la oficina?

Ese día supe que la flor en el pelo simbolizaba el don de amor de esa muchacha, su manera de mantenerse en contacto con la madre perdida cuando era tan jovencita. Al estudiar el proyecto que me había entregado, me sentí honrada por tratar con alguien tan profundo, con tanta capacidad de *sentir*... y de ser. Se explicaba que su trabajo fuera siempre excelente: ella vivía dentro de su corazón. Y me obligó a visitar nuevamente el mío.

Bettie B. Youngs

Avalancha

Para cada desventaja hay una ventaja correspondiente

W. Clement Stone

Era la cabaña de nuestros sueños: tres mil metros cuadrados en medio de un paisaje maravilloso, con vista a una majestuosa cascada, en la ladera opuesta del cerro Timpanogos; a poca distancia estaba el famoso Sundance Ski Resort, de Robert Redford. Mi esposa y yo tardamos varios años en diseñarla, construirla y amoblarla.

Pero bastaron diez segundos para destruirla por completo.

Recuerdo la tarde del desastre como si fuera ayer. Jueves, 13 de febrero de 1986, víspera de nuestro noveno aniversario de bodas. Ese día había nevado alrededor de un metro. Aun así, mi esposa desafió al clima en ese trayecto de treinta minutos por el cañón, desde nuestra casa de la ciudad, para visitar la cabaña recién terminada. Salió a primera hora de la tarde, acompañada por Aaron, nuestro hijo de seis años; en el camino se detuvo a comprar algunos ingredientes para hacer una torta, a fin de celebrar la fecha. Yo me reuniría más tarde con ellos, llevando a nuestros otros hijos: Aimée, de nueve años, y Hunter, el menor.

La primera noticia del peligro llegó a las tres de la tarde, con una llamada de la patrulla de Sundance.

—Hay un problema en su cabaña. Sería mejor que viniera de inmediato.

No me dieron más detalles. Aunque yo estaba retrasado en mi trabajo, abandoné la computadora para lanzarme cañón arriba, a través de las rutas bloqueadas por la nieve. Al llegar al centro de esquí, el director y su personal me recibieron con expresión sombría.

—Hubo una catástrofe en la cabaña. Creemos que su esposa y su hijo estaban adentro. Suba a mi camioneta. Lo llevo.

La cabaña estaba junto a la pista principal de Sundance; sólo se podía llegar por un estrecho y serpenteante camino de montaña. Volamos por él, frenéticos; la nieve formaba altos barrancos a cada lado, dándonos la sensación de que íbamos por un laberinto. Al rodear una curva nos encontramos con otro vehículo que descendía en dirección contraria. Ambos clavamos los frenos y patinamos hasta tocarnos, aunque los vehículos sólo sufrieron daños menores. Después de un breve intercambio de información, seguimos viaje por ese estrecho camino, hasta que el techo de cobre de nuestra cabaña apareció a la vista.

Nos detuvimos a corta distancia. De inmediato vi a mi esposa y a mi hijo en la ruta, rodeados por varios miembros de la patrulla de Sundance. Mientras me apeaba de un salto para correr hacia ella, la vi señalar los árboles, por encima de la cabaña. Lo que vi me dejó horrorizado.

Una monstruosa avalancha se había descargado por la ladera, rompiendo en su trayectoria árboles enormes como si fueran escarbadientes. La mole de nieve había pasado también a través de nuestra casa, haciendo volar las ventanas en pocos segundos y acumulando toneladas de nieve en el amplio líving; todos los pisos se habían derrumbado. Nuestros sueños estaban igualmente destrozados. Sólo quedaba una cáscara. Los muebles, escogidos con tanto esmero, eran sólo astillas en la nieve. Jamás olvidaré esa horrenda escena de devastación.

La patrulla de esquí nos sacó rápidamente de la zona, pues había amenaza de nuevas avalanchas. Volvimos a casa aturdidos, en estado de shock. Debo admitir que la pérdida de la cabaña nos había destrozado. Por varios meses me pregunté cómo habíamos podido tener tanta mala suerte, por qué Dios permitía ese tipo de cosas.

La anécdota podría terminar aquí, pero te quedarías sin conocer el milagro que se produjo ese día. Yo mismo lo descubrí sólo ocho meses después.

En una reunión de negocios, un colega mío me hizo una pregunta aparentemente sin importancia:

—¿Te contó tu esposa lo que le pasó con mi mujer el día de la avalancha?

—No—dije—. ¿Qué les pasó?

—Estuvieron a punto de chocar. Mi esposa estaba con los chicos en nuestra cabaña de Sundance, pero como nevaba tanto decidieron volver a la ciudad. Uno de los chicos propuso rezar una plegaria pidiendo no tener dificultades en el viaje de regreso. Todos inclinaron la cabeza y, después de una breve oración, iniciaron el descenso por ese camino estrecho. Tu esposa, que iba subiendo por la misma ruta, vio venir el Suburban con mi familia. Mi mujer clavó los frenos, pero el coche no se detuvo. Siguió resbalando ladera abajo, cada vez a mayor velocidad, sin que ella pudiera hacer nada por impedirlo. A último momento, cuando los dos vehículos estaban por estrellarse, giró bruscamente el volante y metió la trompa del Suburban en el montón de nieve que cercaba el camino. La parte trasera quedó atascada en el banco opuesto... con lo cual la ruta quedó bloqueada y tu esposa no pudo continuar. Pasaron casi una hora tratando de desatascar el Suburban; por fin tuvieron que pedir ayuda en el centro de esquí.

—Qué curioso—comenté—. Mi esposa no me dijo nada.

Nos separamos, aún riendo cordialmente por el episodio. Sólo entonces capté en toda su magnitud lo que él acababa de decirme: a no ser por ese accidente, mi esposa y mi hijo habrían muerto aplastados por la avalancha.

A menudo pienso en lo que sucedió en la ruta. Imagino a mi esposa, completamente frustrada, mirando el Suburban que le impedía llegar a la cabaña. Veo a la esposa de mi amigo, abochornada por la situación. Veo a sus hijos, alterados, nerviosos, dudando de que Dios escuchara alguna vez las plegarias.

En ese momento, todo el mundo consideraba que la situación era un verdadero desastre. Sin embargo, desde otra perspectiva era evidente que todos habían participado en un milagro sin saberlo.

Ahora no me apresuro tanto a juzgar los desastres que me suceden de vez en cuando. Con el correr del tiempo, cuando dispongo de más información, muchos de ellos resultan ser milagros en ciernes. Cuando se produce un accidente, trato de preguntarme: "¿Qué milagro está realizando Dios con esta desgracia?" Y en vez de protestar: "¿Por qué a mí, Dios mío?", me limito a decir: "Gracias, Señor".

Luego espero con paciencia a que se vayan dando los acontecimientos.

Robert G. Allen

Tú muy buena, tú muy rápida

Por entonces yo vivía en la zona de la bahía y mi madre estaba de visita en casa. En el último día de su estancia me vio preparada para salir a correr. Como trabajaba en un ambiente muy negativo, esas carreras matinales me hacían muy bien. Pero mi madre dijo:

—No creo que correr sea tan bueno. Al final, ese corredor famoso se murió.

Traté de recordar lo que había leído sobre Jim Fixx; se suponía que su condición de corredor había contribuido a que viviera más tiempo que los otros miembros de su familia. De cualquier modo, de nada serviría discutir con mamá.

Eché a correr por mi camino favorito, pero no podía quitarme de la cabeza el comentario de mi madre. Empecé a pensar: "¿Para qué me molesto en correr? A los corredores serios debo de parecerles ridícula. Y podría sufrir un ataque cardíaco en plena calle. Papá tuvo un ataque fatal a los cincuenta años, aunque tenía mejor estado físico que yo".

Las palabras de mi madre pendían sobre mí como una manta gigantesca. Mi trote se convirtió en paso lento; me sentía completamente deprimida. Allí estaba yo, próxima a los cincuenta años, deseando aún una palabra de aliento de mi madre y, al mismo tiempo, furiosa conmigo misma por seguir buscando una aprobación que no recibiría jamás.

Llegué a la marca de los tres kilómetros pensando en girar sobre mis talones para regresar a casa; me sentía más desalentada que nunca. De pronto vi a un anciano caballero chino que caminaba hacia mí, por el lado opuesto de la senda. Lo había visto otras veces. Siempre le daba los buenos días; él respondía invariablemente con una sonrisa y una inclinación de cabeza. Esa mañana se me cruzó en el camino, obligándome a detenerme. Me sentí algo irritada. Primero dejaba que mi madre me arruinara el día con su comentario (y otros similares, acumulados a lo largo de toda la vida) y ahora ese hombre me bloqueaba el paso.

Yo tenía puesta una remera que me había enviado un amigo desde Hawai, celebrando el Año Nuevo Chino; tenía tres caracteres chinos en la pechera y, a la espalda, un paisaje de Honolulu. Esa remera lo indujo a detenerme. Con su limitado vocabulario, señaló los caracteres y preguntó en tono excitado:

—¿Tú hablas?

Le dije que no hablaba chino y que la remera era un regalo venido desde Hawai. Percibí que él no entendía una palabra, pero el caballero comentó, con gran entusiasmo:

—Siempre te veo... tú muy buena... tú muy rápida.

Bueno, no soy ni muy buena ni muy rápida, pero ese día partí con inesperado vigor en el paso. En vez de apartarme de la senda, como había pensado en mi malhumor anterior, continué por nueve kilómetros más. Y, a decir verdad, esa mañana fui muy buena, fui muy rápida, en espíritu y en coraje.

Gracias a ese pequeño estímulo seguí corriendo. Hace poco tiempo completé mi cuarta maratón en Honolulu. Para este año, mi objetivo es la maratón de Nueva York. Sé que jamás ganaré una carrera, pero cada vez que oigo un comentario negativo pienso en el amable caballero que me dijo, con sinceridad: "Tú muy buena, tú muy rápida".

Kathi M. Curry

El accidente

Las verdaderas bendiciones suelen presentársenos bajo la forma de dolores, pérdidas y desencantos; pero tengamos paciencia, que pronto las veremos con su verdadera figura.

Joseph Addison

Ese año la Nochebuena caía en domingo. Por lo tanto, la acostumbrada reunión que los jóvenes festejaban en la iglesia los domingos por la noche sería una gran celebración. Después del oficio de la mañana, la madre de dos muchachas adolescentes me preguntó si alguien podía encargarse de llevar a sus hijas. Estaba divorciada, su ex esposo se había mudado y ella detestaba conducir por la noche, sobre todo considerando que había probabilidades de lluvia. Me comprometí a pasar a buscar a las chicas para llevarlas a la reunión.

Así pues, esa noche iba al volante de mi auto, con las chicas sentadas a mi lado. En una elevación de la ruta vimos que acababa de producirse un choque múltiple en el paso ferroviario que quedaba unos metros más adelante. Como empezaba a helar y la ruta estaba muy resbaladiza, nos resultó imposible frenar y nos estrellamos contra la parte trasera de otro coche. En el momento en que me volvía hacia las muchachas, para ver si estaban bien, la que estaba junto a mí gritó:

—¡Ooooh, Donna!

Me incliné hacia adelante para ver qué había pasado con la chica sentada junto a la ventanilla. Por entonces todavía no eran obligatorios los cinturones de seguridad, y ella había atravesado el parabrisas con la cara. Cuando cayó contra el respaldo, el borde mellado del vidrio roto le había abierto dos profundos tajos en la mejilla izquierda. Sangraba a chorros. Era un espectáculo horrible.

Afortunadamente, uno de los otros automovilistas tenía un botiquín de primeros auxilios; con una compresa pudo detener la hemorragia. El oficial de policía dictaminó que el accidente había sido inevitable, por lo que no se presentarían cargos, pero aun así me horrorizó pensar que esa hermosa chica de dieciséis años quedara con cicatrices en la cara por el resto de su vida. Y le había sucedido mientras estaba bajo mi responsabilidad.

En la sala de emergencias del hospital la llevaron inmediatamente al médico que efectuaría la sutura. Me pareció que tardaban mucho. Temiendo que hubiera complicaciones, pregunté a la enfermera a qué se debía esa demora. Dijo que, por casualidad, el médico de guardia era cirujano plástico y estaba aplicando puntos muy pequeños, que requerían mucho tiempo. De ese modo las cicatrices serían mínimas. Tal vez Dios estaba presente en ese desastre, al fin y al cabo.

Al presentarme en el hospital para visitar a Donna, temía que ella estuviera furiosa y me echara la culpa de lo que había pasado. Como era Navidad, los médicos del hospital trataban de dar el alta a los pacientes y postergaban las operaciones que no fueran urgentes. Como resultado, en el piso de Donna había pocos internados. Pregunté a una enfermera cómo estaba la muchacha. Ella sonrió, diciendo que iba muy bien. En realidad, la chica era un sol; parecía feliz y no dejaba de hacer preguntas sobre el tratamiento. La enfermera reconoció que, como había tan pocos pacientes en el piso y tenían tiempo libre, todas buscaban excusas para ir a charlar con Donna.

Pedí perdón a la chica por lo que había sucedido, pero ella no le dio ninguna importancia; dijo que las cicatrices se podían disimular con maquillaje. Luego empezó a explicarme, con entusiasmo, qué le habían hecho las enfermeras y por qué. Ellas rodeaban la cama, sonrientes. Donna parecía muy feliz. Era su primera internación y todo le despertaba curiosidad.

Ya de regreso en la escuela, Donna se convirtió en el centro de atención; describió una y otra vez el choque y lo que había sucedido en el hospital. Su madre y su hermana tampoco me culpaban por lo ocurrido; por el contrario, se desvivían por agradecerme que me hubiera ocupado de todo, aquella noche. En cuanto a Donna, no quedó desfigurada; el maquillaje disimulaba las cicatrices casi por completo. Eso me hizo sentir mejor, pero aún sufría por esa bonita muchacha marcada.

Un año después me mudé a otra ciudad y perdí contacto con Donna y su familia.

Quince años más tarde me invitaron a oficiar en esa iglesia una serie de servicios. En la última noche vi a la madre de Donna entre los que esperaban para despedirse de mí. Me estremecí al recordar el choque, la sangre y las cicatrices. Sin embargo, la mujer se acercó a mí con una gran sonrisa y, casi riendo, me preguntó si estaba enterado de la suerte corrida por su hija. No, yo no sabía nada. Bueno, ¿recordaba la curiosidad de la chica por lo que hacían las enfermeras? Lo recordaba, sí. Entonces su madre prosiguió:

—Donna decidió estudiar enfermería. Se recibió con todos los honores y consiguió un buen puesto en un hospital. Allí conoció a un joven médico y se enamoraron. Ahora están casados, son felices y tienen dos hijos preciosos. Me encargó decirle que ese accidente fue lo mejor que pudo pasarle en la vida.

Robert J. McMullen (h.)

De la boca de un niñito

En 1992, mi esposo y yo viajamos a Alemania en un plan de intercambio; allí nos hospedamos en los hogares de tres familias maravillosas. Hace poco tiempo, una de las parejas que conocimos en Alemania vino a hacernos una gratísima visita de una semana.

Reimund y Toni viven en una ciudad de la zona industrial de Alemania, que sufrió intensos bombardeos durante la Segunda Guerra Mundial. Mi marido, que es profesor de historia, les preguntó una noche qué recuerdos tenían de la niñez, de la Alemania de la época de la guerra. Reimund procedió a contarnos algo que nos conmovió hasta las lágrimas.

Un día, poco antes de que terminara la guerra, Reimund vio que dos aviadores se arrojaban en paracaídas de un avión que había sido alcanzado.

Por entonces tenía once años; como tantos otros curiosos, corrió a la plaza central de la ciudad, a esperar que la policía llegara con los aviadores capturados. Por fin llegaron dos policías, trayendo a los dos británicos a la rastra. Debían esperar allí, en la plaza, el vehículo que los llevaría a una cárcel de la ciudad vecina, donde se alojaba a los prisioneros de guerra.

Cuando la multitud vio a los detenidos se escucharon gritos furiosos:

—¡Hay que matarlos! ¡Vamos a matarlos!

Sin duda alguna, pensaban en los fuertes bombardeos que había sufrido la ciudad a manos de los británicos y sus aliados. Tampoco les faltaban medios con los cuales satisfacer su intención: muchos vecinos, que estaban trabajando en el jardín al caer el avión, habían llevado horquillas, palas y otros implementos.

Reimund observó el rostro de los dos prisioneros. Eran muy jóvenes; no tendrían más de veinte años, y se los veía sumamente asustados. También notó que los dos policías, cuya función era proteger a los prisioneros de guerra, no podían enfrentarse a la multitud colérica, armada de horquillas y palas.

Reimund comprendió que debía hacer algo y cuanto antes. Entonces corrió a interponerse entre los prisioneros y la muchedumbre para gritarles que se detuvieran.

Por no lastimar al pequeño, el gentío se contuvo por un instante. Fue suficiente para que Reimund les dijera:

—¡Estos prisioneros son apenas dos muchachos como cualquiera de los de aquí! Hacen lo mismo que están haciendo los nuestros: pelear por su país. Si ustedes tuvieran un hijo prisionero de guerra en un país extranjero, no querrían que la gente de ese país los matara. Por favor, no les hagan daño.

Los vecinos escucharon con asombro primero y con vergüenza después. Por fin, una mujer dijo:

—Hizo falta que un niñito nos dijera lo que está bien y lo que está mal.

La muchedumbre empezó a desconcentrarse.

Reimund no olvidará jamás la expresión de tremendo alivio y gratitud que vio en la cara de los jóvenes aviadores británicos. Hasta el día de hoy confía en que hayan gozado de una vida larga y feliz, ya olvidados del niñito que los salvó.

Elaine McDonald

$\overline{6}$

UNA CUESTIÓN DE ACTITUD

El significado de las cosas no está en las cosas mismas, sino en la actitud que tenemos hacia ellas.

Antoine de Saint-Exupéry

El gran valor del desastre

*Si tu casa está en llamas, úsalas para
calentarte.*

Proverbio español

En diciembre de 1914, un incendio destruyó virtualmente
el laboratorio de Thomas Edison. Aunque el daño excedía
los dos millones de dólares, los edificios sólo estaban asegu-
rados por 238.000, pues estaban hechos de concreto y se los
consideraba a prueba de incendio. Gran parte de su obra se
consumió en las espectaculares llamas de aquella noche.

Cuando el fuego era más intenso, Charles, su hijo de
veinticuatro años, apareció buscando frenéticamente a su
padre entre el humo y los escombros. Por fin lo encontró
contemplando con toda tranquilidad la escena, con la cara
iluminada por los reflejos y el pelo blanco agitado por el
viento.

"Me dolía el corazón por él—contaba Charles—. Tenía
sesenta y siete años; ya no era joven y todo se estaba con-
sumiendo en el incendio. Al verme gritó: '¿Dónde está tu
madre, Charles?' Cuando le respondí que no lo sabía, me
ordenó: '¡Ve a buscarla y tráela! Jamás verá algo parecido

en el resto de su vida'."

A la mañana siguiente, observando las ruinas, Edison dijo:

—El desastre tiene un gran valor. Quema todos nuestros errores. Gracias a Dios, podemos empezar de nuevo.

Tres semanas después del incendio, Edison se las compuso para entregar el primer fonógrafo.

The Sower's Seeds

Buenas noticias

Roberto de Vincenzo, el gran golfista argentino, ganó cierta vez un torneo. Después de recibir el cheque y sonreír ante las cámaras, salió del club y se encaminó hacia su coche, dispuesto a retirarse. En el estacionamiento se le acercó una joven. Tras felicitarlo por su victoria, ella le contó que tenía un hijito gravemente enfermo y próximo a morir. No sabía siquiera cómo pagar las cuentas del médico y los gastos del hospital.

De Vincenzo, conmovido por su relato, sacó una lapicera y le endosó el cheque del premio.

—Que esto sirva para que el bebé pase algunos días lindos—dijo, poniéndole el cheque en la mano.

A la semana siguiente, mientras almorzaba en un club de campo, un funcionario de la Asociación Profesional de Golf se acercó a su mesa.

—Unos muchachos que estaban en el estacionamiento, la semana pasada, me contaron que te encontraste allí con una joven, después de ganar el torneo.

De Vincenzo asintió.

—Te traigo malas noticias—continuó el funcionario—. Era una estafadora. No tiene ningún bebé enfermo. Ni siquiera es casada. Te estafó, amigo mío.

—¿O sea que no hay ningún bebé a punto de morir? — preguntó De Vincenzo.

—Así es.

—Es la mejor noticia que me hayan dado en toda la semana—fue la conclusión del golfista.

The Best of Bits & Pieces

Johnny

Por doquier se nos desafía a trabajar incansablemente para lograr la excelencia en nuestra vida laboral. No todos estamos destinados a una profesión o un trabajo especializado; menos aún son los que se elevan a la altura del genio en las artes y las ciencias; muchos están destinados a ser obreros en las fábricas, los sembrados y las calles. Pero no hay trabajo que no tenga importancia. Toda tarea que eleve a la humanidad es digna e importante, y debería ser asumida con gran empeño por alcanzar la excelencia. Si alguien está llamado a ser barrendero, debería barrer tal como Miguel Ángel pintaba, como Beethoven componía música o como Shakespeare escribía sus versos. Debería barrer las calles tan bien que todos los habitantes del Cielo y de la Tierra se detuvieran a decir: "Aquí vivió un gran barrendero que hizo bien su trabajo".

Martin Luther King (h.)

El otoño pasado se me pidió que disertara ante tres mil empleados de una gran cadena de supermercados. El tema era la necesidad de lograr la lealtad de los clientes y regenerar el espíritu en el lugar de trabajo.

Una de las ideas que destaqué fue la importancia de agregar un toque distintivo a la tarea. Con tanta reducción de personal, reorganización y aplastante progreso tecnológico, me parece esencial que cada uno halle el modo de sentirse bien en su trabajo. Una de las maneras más eficaces es hacer algo que nos diferencie de todos los que hacen lo mismo que nosotros.

Les di el ejemplo de un piloto de United Airlines que, tras comprobar que todo está bajo control en la cabina, va a la computadora y selecciona al azar varios nombres de pasajeros, a los que envía una nota escrita a mano agradeciéndoles su presencia a bordo.

Cierto diseñador gráfico adjunta siempre un chicle dietético en todo lo que envía a sus clientes, a fin de que jamás arrojen su correspondencia al cesto sin abrirla.

Un maletero de Northwest Airlines decidió que su toque personal sería recoger todas las etiquetas de equipaje que se desprendieran de las valijas. Antes se las arrojaba al cesto de los papeles, pero él se ocupa de enviarlas a sus propietarios, con una nota en la que les agradece haber volado por Northwest.

Un gerente para el cual trabajé agregaba pañuelos de papel a los memos que pudieran caer mal a sus empleados.

Después de compartir con ellos otros ejemplos por el estilo, desafié a mi público a poner en marcha su propia creatividad, en busca de un sello personal.

Tres semanas después, ya avanzada la tarde, sonó mi teléfono. Mi interlocutor dijo que se llamaba Johnny y que era empacador de aquel supermercado. También me dijo que tenía el síndrome de Down. Y agregó: "¡Me gustó mucho lo que usted dijo, Barbara!". Luego pasó a comentarme que esa noche, al volver a su casa, había pedido al padre que le enseñara a usar la computadora.

Armaron un programa utilizando tres columnas, en las que todas las noches buscaba el pensamiento del día. Cuando no hallaba ninguno que le gustara, simplemente ideaba uno. Luego imprimía muchas copias y las firmaba con su nombre. Al día siguiente, al empacar las mercancías compradas por los clientes, ponía el pensamiento del día en cada una de las bolsas, agregando así su toque personal de un modo gracioso y creativo.

Un mes más tarde me llamó el gerente del supermercado para decirme:

—No me creerás lo que sucedió hoy, Barbara. Esta mañana, cuando fui al salón de ventas, descubrí que ante el puesto de Johnny había una cola tres veces más larga que en los demás. Me puse furioso. Pedí a gritos que se abrieran nuevos puestos de empaque, pero los clientes decían: "¡No, no, queremos que nos atienda Johnny! ¡Queremos el pensamiento del día!".

Una mujer se le acercó para explicar:

—Antes salía de compras una sola vez por semana. Ahora entro cada vez que paso, porque quiero el pensamiento del día.

Imaginemos cómo elevaba eso las ventas de la empresa. El gerente concluyó diciendo:

—¿Quién crees que es la persona más importante de toda nuestra cadena? ¡Johnny, por supuesto!

Tres meses después volvió a llamarme.

—Tú y Johnny han transformado nuestra tienda. Ahora, en el departamento de florería, cuando se encuentran con una flor quebrada o un ramillete sin vender, salen a buscar a una anciana o a una niñita para prendérselo en la solapa. Uno de nuestros empacadores de carne, al cual le encanta

Snoopy, compró cincuenta mil calcomanías de Snoopy y las pega en los paquetes. Nos divertimos muchísimo, y nuestros clientes también.

¡Eso es mantener alto el espíritu en el lugar de trabajo!

Barbara A. Glanz

7

SUPERAR OBSTÁCULOS

*Los obstáculos jamás pueden aplastarme;
todos ceden ante mi empecinada decisión.*

Leonardo Da Vinci

La apasionada búsqueda
de la posibilidad

*A*tesora tus visiones y tus sueños, ya que son
los hijos de tu alma, los planos de tus logros
supremos.

Napoleon Hill

Hace años, mientras desenterraban una antigua tumba
egipcia, un arqueólogo encontró semillas sepultadas en
un trozo de madera. Una vez plantadas, las semillas
realizaron su potencial ¡pasados más de tres mil años!
¿Hay en la vida de una persona condiciones tan desalen-
tadoras que el ser humano, cualquiera sea su potencialidad
inherente, esté condenado al fracaso y la callada desesperación? ¿O existen también semillas de posibilidad, un
impulso al devenir tan fuerte que quiebra la dura costra
de la adversidad? Analicemos este relato, que vino con los
cables de la Associated Press el 23 de mayo de 1984.

Cuando niña, Mary Groda no aprendió a leer ni a
escribir. Los expertos la clasificaron como retardada. Ya
adolescente, le pusieron otra etiqueta, la de "incorregible",

y fue sentenciada a pasar dos años en un reformatorio. Irónicamente, fue en ese lugar de reclusión donde Mary, aceptando el desafío de aprender, se aplicó a la tarea hasta dieciséis horas por día. Tanto empeño dio resultado: obtuvo su diploma de estudios secundarios.

Pero a Mary Groda la esperaban nuevas desventuras. Al salir del reformatorio quedó embarazada sin haberse casado. Dos años después, un segundo embarazo le provocó un ataque cerebral que borró su capacidad de leer y escribir, ganada con tanto esfuerzo. Con la ayuda y el apoyo de su padre, Mary libró una nueva batalla hasta recuperar lo que había perdido.

Dado que estaba pasando por grandes aprietos financieros, Mary pidió un subsidio del Estado. Por fin, para solventar sus gastos, aceptó a siete niños en custodia como madre sustituta. Fue durante ese período cuando comenzó a seguir cursos preuniversitarios. Al terminarlos, rindió el examen de ingreso para la carrera de medicina y lo aprobó.

En la primavera de 1984, Mary Groda Lewis (ahora está casada) desfiló con su toga y su birrete en la ceremonia de graduación. Nadie sabe qué pensamientos cruzaron por su mente al alargar la mano para tomar su diploma, ese elocuente testimonio de su perseverancia y su fe en sí misma. Ese testimonio decía: He aquí, en este pequeño punto del planeta, una persona que se atrevió a soñar lo imposible y que confirma ante todos nosotros lo divino de nuestra naturaleza humana. He aquí a Mary Groda Lewis, doctora en medicina.

James E. Conner

Nunca le dijimos que no podía

Pueden porque creen poder.

Virgilio

Mi hijo Joey nació con los pies torcidos hacia arriba y las plantas apoyadas en el vientre. Siendo madre primeriza, eso me pareció extraño, pero no sabía qué significaba, en realidad. Pero lo cierto es que Joey había nacido con una malformación conocida como "pie zopo". Los médicos nos aseguraron que, debidamente tratado, podría caminar en forma normal, aunque era probable que tuviera dificultades para correr. Joey pasó sus tres primeros años de vida entre operaciones, yesos y aparatos ortopédicos. Sus piernas fueron masajeadas y ejercitadas. Quien lo hubiera visto caminar a los siete u ocho años no habría adivinado que tenía un problema.

Si caminaba mucho (en el parque de diversiones o en el zoológico, por ejemplo), se quejaba de cansancio y dolor en las piernas. Entonces nos deteníamos a descansar y conversábamos de lo que habíamos visto, tomando un refresco o un helado. Nunca le dijimos por qué le dolían las piernas ni por qué eran débiles. No le explicamos que eso era de esperar a causa de su deformidad congénita. Y como no se lo dijimos, él lo ignoraba.

Los chicos del barrio jugaban corriendo, como casi todos los niños. Al verlos, Joey se levantaba de un salto y corría a jugar también. Nunca le dijimos que probablemente no pudiera correr tan bien como los otros. No le explicamos que él era distinto. Y como no se lo dijimos, él lo ignoraba.

En séptimo grado decidió que ingresaría en el equipo de cross-country. Se entrenaba todos los días con el grupo. Parecía esforzarse más que ninguno de los otros. Quizá percibía que ciertas facultades, naturales en tanta gente, no lo eran para él. No le dijimos que, si bien podía correr, probablemente sería siempre el último. Que no debía hacerse ilusiones de integrar el equipo, formado por los siete mejores corredores de la escuela. Aunque corriese todo el grupo, sólo esos siete podían anotar puntos para la escuela. Y como no le explicamos que probablemente jamás integraría el equipo, él lo ignoraba.

Siguió corriendo entre seis y ocho kilómetros diarios, todos los días. Jamás olvidaré aquella vez en que tuvo una fiebre de treinta y ocho grados. No quiso quedarse en casa porque tenía práctica de *cross-country*. Yo pasé el día preocupada por él. Esperaba que en cualquier momento me llamaran de la escuela para pedirme que fuera a buscarlo. No hubo tal comunicación.

Al terminar el horario de clase fui al lugar donde se realizaba el entrenamiento, pensando que, si me veía allí, tal vez decidiera omitir la práctica de la tarde. Lo encontré corriendo por una calle bordeada de árboles, completamente solo. Puse el coche a su lado y lo acompañé a baja velocidad para preguntarle cómo se sentía.

—Bien—me dijo.

Sólo le faltaban tres kilómetros más. El sudor le corría por la cara y tenía los ojos vidriosos por la fiebre. Sin embargo, mantenía la vista fija hacia adelante y seguía corriendo. Nunca le dijimos que no podía correr seis kilómetros con una fiebre de treinta y ocho grados. Y como no se lo explicamos, él lo ignoraba.

Dos semanas después, en vísperas de las carreras de la temporada, se anunciaron los nombres de quienes integrarían el equipo. Joe figuraba sexto en la lista. Había logrado entrar en el equipo. Estaba en séptimo grado, mientras que los otros seis miembros eran del octavo. Nunca le dijimos que probablemente no llegara a integrar el equipo. Nunca le explicamos que no podía. Y como no se lo dijimos, él lo ignoraba. Simplemente, pudo.

Kathy Lamancusa

Una lección de coraje

Sarah, mi hija de diez años, nació con un músculo faltante en el pie, por lo que usa permanentemente un aparato ortopédico. Hace poco me dio una lección de coraje. Un lindo día de primavera, al llegar a casa, me dijo que había competido en "la jornada de campo", es decir, una salida escolar en la que se realizan carreras y varias competencias deportivas más.

Pensando en su pierna deficiente, traté de hallar palabras de aliento para mi Sarah, para que no se dejara deprimir; intenté recordar las cosas que los entrenadores famosos dicen a sus jugadores cuando se enfrentan a una derrota. Pero antes de que pudiera pronunciar una palabra, ella levantó la vista.

—¡Gané dos de las carreras, papi! —dijo.

¡Yo no podía creerlo! Luego Sarah agregó:

—Pero tuve una ventaja.

Aaah, me lo imaginaba. Sin duda le habían dado alguna ventaja inicial para compensar. Nuevamente, ella no me dio tiempo de abrir la boca.

—No me dieron ninguna ventaja inicial, papi. ¡Mi ventaja era que debía esforzarme más!

¡Eso es coraje! Y así es mi Sarah.

Stan Frager

Catorce peldaños

*La adversidad hace que el hombre se conozca
a sí mismo.*

Anónimo

Dicen que el gato tiene siete vidas. Me inclino a pensar
que es posible, pues ahora estoy viviendo mi tercera vida,
sin ser siquiera gato.

La primera se inició en un claro día de 1904, a fines del
invierno; fui el sexto de los ocho hijos de una familia de
agricultores. Mi padre murió cuando yo tenía quince años
y tuvimos que luchar mucho para sobrevivir. Mamá se
quedaba en casa, preparando la comida con papas, arve-
jas, maíz y verduras, mientras los demás trabajábamos por
lo que quisieran pagarnos... que era poco, en el mejor de
los casos.

Al crecer, mis hermanos se fueron casando, hasta que sólo
quedamos una hermana y yo para mantener y atender a
mamá; en sus últimos años quedó paralizada y murió antes
de cumplir los setenta. Poco después se casó mi hermana. Yo
seguí su ejemplo antes de que se cumpliera el año.

Fue entonces cuando empecé a disfrutar de mi primera

vida. Era muy feliz, gozaba de excelente salud y podía considerarme un buen atleta. Mi esposa y yo fuimos padres de dos niñas adorables. Tenía un buen empleo en San José y una hermosa casa en San Carlos. La vida era un sueño agradable.

De pronto, ese sueño llegó a su fin, convertido en una de esas horribles pesadillas de las que uno despierta bañado en sudor, en medio de la noche. Me encontré afectado por una enfermedad de los nervios motores, lentamente progresiva. Me tomó primero el brazo y la pierna derechos; luego, el otro lado.

Así se inició mi segunda vida.

A pesar de la enfermedad, seguía yendo a trabajar todos los días, gracias a un equipo especial instalado en mi coche. Y me las arreglé para conservar la salud y el optimismo, hasta cierto punto, gracias a catorce peldaños.

¿Que es una locura? En absoluto.

Nuestra casa estaba construida en desnivel, con catorce peldaños que subían desde la cochera hasta la puerta de la cocina. Esos peldaños eran el medidor de mi vida, mi vara, mi desafío a seguir viviendo. Tenía la sensación de que no estaría derrotado mientras pudiera levantar un pie hasta un peldaño y luego subir el otro, penosamente, repitiendo el proceso catorce veces hasta llegar arriba, exhausto. Cuando no me fuera posible, entonces tendría que admitir la derrota y acostarme a morir.

Por eso seguía yendo a trabajar y subiendo esos peldaños. Pasó el tiempo. Las chicas fueron a la universidad y se casaron bien. Mi esposa y yo quedamos solos en nuestra hermosa casa, con sus catorce peldaños.

Tal vez creas que con eso demostraba ser valeroso y fuerte. Te equivocas. Era un inválido amargamente desilusionado, que sólo se aferraba a su cordura, a su esposa, a su hogar y a su empleo gracias a esos catorce miserables peldaños que llevaban desde la cochera hasta la puerta de atrás.

Cuando subía un pie tras otro por esa escalera (lenta, penosamente, deteniéndome con frecuencia a descansar), a veces dejaba vagar mis pensamientos hasta los años en que jugaba al fútbol y al golf, iba al gimnasio, hacía largas caminatas, nadaba, corría y saltaba. Ahora apenas era capaz de subir esforzadamente un tramo de escalera.

Con el correr del tiempo aumentó mi desencanto y mi frustración. No dudo de que mi esposa y mis amigos pasaban momentos bastante difíciles cuando yo decidía exponerles mi filosofía de la vida. Estaba convencido de que, en el mundo entero, sólo yo había sido escogido para el sufrimiento. Ya hacía nueve años que cargaba con esa cruz, y probablemente la cargaría mientras pudiera subir esos catorce peldaños.

Prefería ignorar las consoladoras palabras de la primera Epístola a los Corintios, 15:52: "En un instante, en un pestañear de ojos, seremos transformados". Así fue como viví mi primera y mi segunda vidas, aquí en la Tierra.

De pronto, en una oscura noche del verano de 1972, inicié mi tercera vida. Por la mañana, al salir de casa, no tenía idea de que iba a producirse un cambio tan espectacular. Sólo sabía que esos catorce escalones me habían costado más que de costumbre, aunque era sólo el descenso. Me horrorizaba la perspectiva de tener que subirlos cuando volviera.

Esa noche, cuando inicié el regreso a casa, estaba lloviendo; el viento y el agua castigaban el automóvil en tanto descendía por una de las rutas menos transitadas. De súbito el volante dio una sacudida entre mis manos y el coche se desvió violentamente hacia la derecha. En el mismo instante oí el temido ¡bang! de un neumático al reventar. Luché por detener el auto en la banquina, resbalosa por la lluvia, y allí quedé, abrumado por la enormidad de esa situación. Cambiar ese neumático era, para mí, absolutamente imposible. Descarté de inmediato la idea de que algún automovilista se detuviera a ayudarme. ¿Acaso yo me habría detenido? De pronto recordé que, a poca distancia, había un estrecho camino lateral y una casa. Puse el motor en marcha y avancé lentamente, siempre por la banquina, hasta llegar a ese camino de tierra, por el que entré agradecido. Unas ventanas iluminadas me dieron la bienvenida. Deteniéndome ante la puerta, hice sonar la bocina.

Abrió una niñita, que se quedó mirándome. Bajé la ventanilla para explicarle que había tenido un reventón y necesitaba que alguien me cambiara el neumático, pues yo caminaba con muletas y no podía hacerlo.

Ella entró en la casa y volvió un momento después, cubierta con un sombrero y un impermeable. La seguía un hombre que me saludó alegremente.

Me quedé en mi asiento, cómodo y seco, compadeciendo un poco al hombre y a la niñita, que debían trabajar tanto bajo la tormenta. Bueno, les pagaría el favor. Como la lluvia parecía estar cediendo un poco, bajé la ventanilla por completo para observarlos. Me pareció que eran demasiado lentos; comenzaba a impacientarme. Atrás se oían ruidos metálicos y la voz de la niña:

—Aquí está la manivela del gato, abuelo.

Luego, el murmullo del hombre y el lento inclinarse del coche.

Siguió un largo intervalo de ruidos, sacudidas y diálogos en voz baja en la parte trasera del auto. Por fin el trabajo quedó terminado. Sentí el descenso del auto cuando retiraron el gato y el ruido del baúl al cerrarse. Un momento después, ambos se detenían ante la ventanilla.

Él era un anciano encorvado, de aspecto frágil bajo el impermeable. La niñita tendría entre ocho y diez años; me miró con expresión alegre y una ancha sonrisa.

—Mala noche para un percance de estos—dijo él—, pero ya está solucionado.

—Gracias—le dije—. Gracias. ¿Cuánto le debo?

Sacudió la cabeza.

—Nada. Cynthia me dice que usted es discapacitado, que usa muletas. Ha sido un gusto ayudar. Usted haría lo mismo por mí. No me debe nada, amigo.

Alargué un billete de cinco dólares.

—Por favor. Permítame pagarle el servicio.

Él no hizo ademán alguno de tomar el billete. La niñita se acercó más a la ventanilla para explicarme, en voz baja:

—El abuelo no ve.

En los segundos que siguieron me invadieron la vergüenza y el horror del momento; sentí las náuseas más intensas de mi vida. ¡Un ciego y una niña, buscando a tientas tuercas y tornillos en la oscuridad, con los dedos fríos y mojados! Una oscuridad que, para él, duraría quizás hasta la muerte.

Me habían cambiado un neumático, soportando la lluvia y el viento, mientras yo permanecía cómodamente sentado en el auto con mi muleta. Con mi discapacidad. No recuerdo cuánto tiempo pasé allí, una vez que ellos se despidieron para volver a la casa, pero en ese rato me analicé en profundidad y descubrí en mí algunos rasgos perturbadores.

Comprendí que estaba lleno hasta desbordar de autocompasión y de egoísmo, de desconsideración e indiferencia ante las necesidades ajenas.

Siempre sentado allí, pronuncié una oración. Recé humildemente pidiendo fortaleza, una mayor comprensión, una conciencia más clara de mis defectos. Pedí fe para continuar pidiendo, en mis plegarias cotidianas, la ayuda espiritual necesaria para superarlos.

Solicité a Dios que bendijera a ese anciano ciego y a su nieta. Y por fin me alejé, con la mente conmovida y una nueva humildad en el espíritu.

"Por lo tanto, todo cuanto queráis que os hagan los hombres, hacédselo también vosotros: pues eso mandan la ley y los profetas." (Mateo, 7:12)

Meses después, este mandato de las escrituras es más que un simple pasaje bíblico para mí: es el estilo de vida que estoy tratando de seguir. No siempre es fácil. A veces resulta frustrante; otras veces, costoso, tanto en dinero como en tiempo. Pero los vale.

Ahora no me limito a tratar de subir esos catorce peldaños todos los días, sino que intento, a mi modo, ayudar al prójimo. Tal vez algún día pueda cambiar un neumático a algún ciego... alguien tan ciego como yo había estado.

Hal Manwaring

La belleza perdura, el dolor pasa

Aunque Henri Matisse tenía casi veintiocho años menos que Auguste Renoir, los dos grandes artistas eran íntimos amigos y compañeros frecuentes. Estando Renoir confinado en su casa, en su última década de vida, Matisse lo visitaba a diario. Su amigo, casi paralizado por la artritis, continuaba pintando a pesar de la enfermedad. Un día, al ver que el anciano pintor trabajaba en su estudio, combatiendo el torturante dolor con cada pincelada, Matisse barbotó:

—¿Por qué sigues pintando si sufres tanto, Auguste?

Renoir respondió con estas simples palabras:

—La belleza perdura; el dolor pasa.

Y así, casi hasta el día de su muerte, Renoir siguió aplicando pintura a sus telas. Las bañistas, una de sus pinturas más famosas, quedó terminada apenas dos años antes de su fallecimiento y cuando llevaba catorce afectado por esa enfermedad incapacitante.

The Best of Bits & Pieces

El puente milagroso

El puente de Brooklyn, que cruza el río East entre Manhattan y Brooklyn, es un milagro de ingeniería. En 1883, un creativo ingeniero llamado John Roebling concibió, en un arranque de inspiración, ese proyecto espectacular. No obstante, los expertos en construcción de puentes le recomendaron olvidarlo, asegurando que no era factible. Roebling convenció a su hijo Washington, un ingeniero en ascenso, de que se podía construir. Entre los dos hallaron el modo de lograrlo y de superar los obstáculos. También se las compusieron para persuadir a ciertos banqueros de que financiaran el proyecto. Por fin, con indomable entusiasmo y energía, contrataron a los trabajadores e iniciaron la construcción del puente soñado.

Hacía pocos meses que el proyecto estaba en marcha cuando en la construcción se produjo un trágico accidente; de resultas de ello murió John Roebling y su hijo quedó gravemente herido. Washington sufrió una seria lesión cerebral y quedó incapacitado para hablar o caminar. Todo el mundo pensó que el proyecto tendría que ser abandonado, pues sólo los Roebling sabían cómo construir ese puente.

Aunque Washington Roebling no podía moverse ni hablar, su mente seguía tan lúcida como siempre. Un día, tendido en su cama de hospital, se le ocurrió la manera de establecer un código para comunicarse. Como sólo podía mover un dedo, tocó a su esposa en el brazo. Luego, a golpecitos, marcó con un código lo que ella debería transmitir a los ingenieros para que continuaran con la construcción. Washington pasó trece años dando instrucciones con un solo dedo, hasta que el espectacular Puente de Brooklyn quedó finalmente terminado.

A Fresh Packet of Sower's Seeds

A gran altura

Cuanto mayor es el obstáculo, más gloria hay en superarlo.

Molière

Las estrellas se pueden ver cuando hay suficiente oscuridad.

Charles A. Beard

Le sudaban las manos. Necesitaba una toalla para secárselas. El vaso de agua helada alivió su sed, pero sin aplacar su tensión. El césped sobre el cual se sentaba estaba tan caldeado como la competencia a la que se enfrentaba, en la Olimpíada Nacional Juvenil. Habían puesto el listón a cinco metros y diez centímetros, es decir, siete centímetros y medio más alto de lo que él había logrado nunca. Michael Stone se enfrentaba al mayor desafío en su carrera de saltador con garrocha.

En las gradas se agolpaban unas veinte mil personas, aunque la última carrera había terminado una hora antes. El salto con garrocha es, en realidad, el evento preferido de la competencia. Combina la gracia del gimnasta con la fuerza del levantador de pesas. También tiene un elemento de vuelo; la idea de volar a la altura de un edificio de dos pisos es una mera fantasía para el espectador. Ahí y ahora, para Michael Stone no era sólo sueño y realidad, sino su meta.

Desde que Michael tenía memoria, siempre había soñado con volar. La madre le leía muchos cuentos sobre vuelos. Siempre describía la tierra con los ojos del pájaro. El entusiasmo y la pasión que ella ponía en los detalles hacía que los sueños del hijo estuvieran llenos de color y belleza.

Michael tenía un sueño recurrente: se veía corriendo por un camino, en el campo. Sentía los guijarros bajo sus pies. Mientras corría por los trigales dorados, iba dejando atrás a las locomotoras que pasaban. En el momento exacto en que aspiraba hondo, comenzaba a despegar del suelo y a elevarse como un águila.

El sitio al que volaba coincidía siempre con los cuentos de su madre. Veía los detalles con la vista aguda y el espíritu libre del amor materno. Su padre, por el contrario, no era soñador. Bert Stone era un duro realista que creía en el esfuerzo y la aplicación. Su lema era: "Si quieres algo, trabaja para lograrlo".

Eso hizo Michael desde los catorce años. Inició un programa bien regimentado de levantamiento de pesas. Se ejercitaba día por medio; en los días restantes, corría. Ese programa estaba bajo la cuidadosa dirección de su padre. Por su responsabilidad y su disciplina, Michael era el ideal de todo entrenador. Además de alumno destacado, Mike era hijo único y ayudaba a sus padres con las tareas del campo. Su insistencia en lograr la perfección no era sólo empecinada, sino apasionada.

Mildred Stone, su madre, habría querido que él se tomara las cosas con más calma, que soñara libremente, como cuando niño. En una ocasión trató de abordar el tema con él y con el padre, pero éste la interrumpió de inmediato, sonriendo.

—¡Si quieres algo, trabaja para lograrlo!

Los saltos que Michael había dado ese día parecían la recompensa a tan duro esfuerzo. Resultaba imposible saber si había experimentado sorpresa, entusiasmo o arrogancia al franquear ese listón a cinco metros diez. En cuanto aterrizó en la colchoneta inflable, mientras la muchedumbre lo vitoreaba de pie, inició inmediatamente los preparativos para el salto siguiente. Parecía ignorar que acababa de superar propio su récord en siete centímetros y que era uno de los dos finalistas de las Olimpíadas Juveniles.

Michael franqueó el listón a cinco metros quince y a cinco veinte, sin delatar emoción alguna. Lo único que le interesaba eran los preparativos y la decisión. Tendido de espaldas, oyó el grito quejoso de la multitud y comprendió que su competidor había fallado en el último salto. Ahora sería su turno. Como el otro competidor había cometido menos errores, Michael debía franquear ese listón para ganar. Si fallaba acabaría en segundo lugar. No era ninguna vergüenza, pero Michael no se habría permitido conformarse sino con el primer puesto.

Giró el cuerpo para hacer las acostumbradas flexiones. Buscó su garrocha y salió a la pista que lo conduciría al mayor desafío de sus diecisiete años.

Esta vez la pista le pareció diferente. Por un momento se sobresaltó. De pronto, la realidad cayó aplastante sobre él como una parva de heno mojado: la barra estaba puesta veintidós centímetros por encima de su récord personal. "Sólo dos centímetros y medio por debajo del récord nacional", pensó. La intensidad del instante lo llenó de nerviosismo. Se puso más tenso.

"¿Por qué me sucede esto, justo ahora?", se preguntó. Más que nervioso estaba asustado. ¿Qué podía hacer? Nunca había experimentado esa sensación. De pronto, desde los rincones más hondos de su alma, vio a su madre. ¿Por qué? ¿Por qué veía mentalmente a su madre en un momento como ése? El motivo era sencillo: ella siempre le decía que, cuando se sintiera tenso, nervioso o asustado, aspirara hondo varias veces.

Así lo hizo. Agitó las piernas para aliviar la tensión y dejó la garrocha a sus pies. Luego empezó a elongar los brazos y el torso. La leve brisa había desaparecido. Un hilo de sudor frío le corría por la espalda. Recogió con cuidado la garrocha, sintiendo que el corazón le palpitaba con fuerza. Probablemente lo mismo le sucedía al público, pues el silencio era ensordecedor. Al oír el gorjeo de algunos petirrojos que pasaban a lo lejos, comprendió que había llegado el momento de volar.

Echó a correr por la pista; sentía algo maravillosamente distinto, aunque familiar. El suelo, bajo sus pies, parecía el del camino de tierra con el que solía soñar. El pedregullo, los terrones de polvo, las visiones de trigales dorados, parecieron llenarle la mente. Aspiró hondo y entonces sucedió. Echó a volar. Su despegue se produjo sin esfuerzo. Michael Stone estaba volando, como en los sueños de su infancia. Sólo que esta vez no era un sueño. Era real. Todo parecía moverse en cámara lenta. El aire, en torno de él, era el más puro y fresco que nunca hubiera aspirado. Michael volaba raudo, con la majestad del águila.

Fue tal vez el estallido de la gente en las gradas o el golpe seco del aterrizaje lo que devolvió a Michael a la Tierra. Tendido de espalda, con ese estupendo sol caliente en el rostro, sólo pudo imaginar la sonrisa de su madre. Probablemente su padre sonreía también. Quizá se reía. Bert siempre hacía lo mismo cuando se entusiasmaba: sonreía y acababa con una risita aguda. Lo que Michael ignoraba era que, en ese momento, su padre lloraba abrazado a la esposa. Mildred nunca lo había visto llorar así, pero comprendió que era el más grandioso de los llantos: que estaba derramando lágrimas de orgullo.

De inmediato Michael se vio rodeado de gente que lo abrazaba y lo felicitaba por el triunfo más grande de su carrera. Ese mismo día saltó cinco metros y veintisiete centímetros: récord nacional e internacional en las Olimpíadas Juveniles.

Con la atención que a partir de entonces le prestó el periodismo, los ofrecimientos de respaldo económico y los torrentes de sinceras felicitaciones, la vida de Michael jamás volvería a ser la misma. No sólo porque había ganado las Olimpíadas Juveniles, estableciendo un nuevo récord mundial. No sólo porque hubiera superado su récord personal en veinticuatro centímetros. Simplemente, porque Michael Stone era ciego.

David Naster

Tenlo en cuenta

Si no existieran limitaciones que superar, la maravillosa riqueza de la experiencia humana perdería parte de su gozo. La hora pasada en la cumbre no sería ni la mitad de estupenda si no hubiera valles oscuros que atravesar.

Helen Keller

Uno de los secretos del éxito es no permitir que los contratiempos pasajeros nos derroten.

Mary Kay

Tenlo en cuenta:

• Al instructor de esquí Pete Seibert lo trataron de loco cuando reveló su sueño de instalar un centro de esquí. De pie en la cumbre de una montaña, en las sierras Gore de Colorado, él describió un sueño que tenía desde los doce años; luego inició la tarea de convencer a otros de que era posible. El sueño de Seibert es ahora una realidad llamada Vail.

- El joven doctor Ignatus Piazza, apenas recibido de quiropráctico, quería instalarse en la bella bahía de Monterrey, California. Sus colegas de la zona le dijeron que ya había allí demasiados quiroprácticos y que los pacientes potenciales no eran suficientes para que se agregara otro. Durante los cuatro meses siguientes, Piazza dedicó diez horas diarias a tocar timbres, presentándose como el nuevo especialista de la ciudad. Llamó a doce mil quinientas puertas, habló con seis mil quinientas personas y las invitó a concurrir a su futuro consultorio. Como resultado de esta perseverancia, durante el primer mes de práctica lo visitaron doscientos treinta y tres pacientes y obtuvo un ingreso récord: ¡setenta y dos mil dólares en un solo mes!

- Durante su primer año en el mercado, la empresa Coca-Cola vendió sólo cuatrocientas botellas.

- Cuando estaba en el secundario, Michael Jordan, el superastro del básquetbol, fue separado del equipo de básquet de su escuela.

- A los diecisiete años, Wayne Gretzky era un atleta destacado, decidido a hacer carrera en el fútbol o en el hockey. Este último era el que más le gustaba, pero cuando quiso integrar un equipo profesional le dijeron: "No pesas lo suficiente. Con esos setenta y siete kilos, te faltan unos veintitrés para alcanzar el peso promedio. No sobrevivirías."

- Sheila Holzworth perdió la vista cuando tenía sólo diez años. El soporte de ortodoncia que le rodeaba la cabeza se soltó y se le clavó en los ojos. Pese a la ceguera, llegó a ser una atleta de celebridad internacional; entre sus logros se cuenta el haber escalado la helada cumbre del monte Rainier, en 1981.

- Rafer Johnson, el campeón de decatlón, nació con pie zopo.

- El primer libro de cuentos infantiles del doctor Seuss, ¡Pensar que lo vi en la calle Mulberry!, fue rechazado por veintisiete editoriales. La número veintiocho, Vanguard Press, vendió seis millones de ejemplares del libro.
- Richard Bach cursó un solo año de estudios universitarios; luego siguió un curso de entrenamiento para piloto de aviones de combate e ingresó en la Fuerza Aérea. Renunció veinte meses después. Más adelante fundó una revista de aviación que acabó en la bancarrota. Su vida se convirtió en un fracaso tras otro. Hasta cuando escribió *Juan Salvador Gaviota*, no se le ocurría una manera de terminarlo. El manuscrito durmió ocho años antes de que decidiera cómo darle fin... sólo para que dieciocho editoriales lo rechazaran. Sin embargo, una vez que se publicó el libro se vendieron siete millones de ejemplares en varios idiomas, con lo que Richard Bach se convirtió en un escritor internacionalmente conocido y respetado.
- El autor William Kennedy había escrito varias obras, todas rechazadas por diversas editoriales, cuando se produjo el inesperado éxito de su novela *Ironweed*, que había sido rechazada por trece editoriales antes de que una la aceptara para publicarla.
- Cuando escribimos el primer volumen de *Sopa de Pollo para el Alma*, nos lo rechazaron treinta y tres editoriales, hasta que Health Communications aceptó publicarlo. Todos los grandes editores de Nueva York dijeron: "Es demasiado sentimental", o "A nadie le interesa leer un libro de cuentitos breves". Desde entonces, ese libro y sus continuadores se han vendido en el mundo entero, traducidos a veinte idiomas, hasta sumar siete millones de ejemplares.
- En 1935, el *New York Herald Tribune* publicaba su crítica

de *Porgy and Bess*, de Gershwin, diciendo que era "una basura destinada al fracaso".

- En 1902, el director de la sección de poesía del *Atlantic Monthly* devolvió los poemas de un poeta de veintiocho años, con la siguiente nota: "En nuestra revista no hay sitio para sus vigorosos versos". El poeta era Robert Frost.

- En 1889, Rudyard Kipling recibió la siguiente nota de rechazo del *San Francisco Examiner*: "Lo siento, señor Kipling, pero usted no sabe usar el idioma inglés".

- Siendo un escritor en ciernes, Alex Haley recibió una carta de rechazo una vez por semana, durante cuatro años. Más adelante estuvo a punto de abandonar su libro *Raíces* y la vida misma. Tras dedicar nueve años al proyecto, creía no estar a la altura de la tarea y quiso arrojarse al océano Pacífico desde la cubierta de un carguero. Mientras se preparaba para arrojarse al agua, oyó la voz de todos sus antepasados, que le decían: "Haz lo que debas hacer, porque todos ellos están observándote desde allá arriba. No te entregues. Eres capaz. Contamos contigo". En las semanas siguientes, la versión definitiva de *Raíces* brotó de él a torrentes.

- John Bunyan escribió *El progreso del peregrino* mientras estaba preso en una cárcel de Bedford por sus opiniones religiosas. Sir Walter Raleigh escribió la *Historia del mundo* durante un confinamiento de trece años. Martín Lutero tradujo la Biblia estando prisionero en el castillo de Wartburg.

- Thomas Carlyle prestó el manuscrito de *La Revolución Francesa* a un amigo, cuyo criado lo usó desaprensivamente para encender el fuego. El escritor, al saberlo, volvió con toda calma al trabajo y lo reescribió.

- En 1962, cuatro mujeres jóvenes deseaban iniciar una carrera profesional como cantantes. Comenzaron actuando en su iglesia y dando pequeños conciertos. Por fin llegó el momento de grabar un disco. Fue un fiasco. Más adelante grabaron otro. Las ventas fracasaron. El tercero y los siguientes, hasta el noveno, fueron otros tantos fracasos. A principios de 1964 se presentaron en el programa de Dick Clark, quien les pagó apenas lo suficiente para cubrir los gastos. A pesar de haber sido vistas en todo el país, no obtuvieron ningún contrato importante de resultas de esa presentación. Ese mismo verano grabaron *¿Adónde fue nuestro amor?* Esta canción alcanzó el primer puesto del ranking. De ese modo, Diana Ross y *The Supremes* obtuvieron celebridad nacional y se convirtieron en el gran éxito musical de su época.

- Winston Churchill no logró ser admitido en las prestigiosas universidades de Oxford y Cambridge porque "su conocimiento de los clásicos era deficiente".
- James Whistler, uno de los más grandes pintores de los Estados Unidos, fue expulsado del colegio militar de West Point por no aprobar química.
- En 1905, la Universidad de Berna rechazó una tesis doctoral por considerarla irrelevante y fantasiosa. El joven estudiante de física que la redactó era Albert Einstein, quien, a pesar de la decepción, no se dejó amilanar.

Jack Canfield y Mark Victor Hansen

Oportunidad

Si no oyes que la oportunidad llama a tu puerta, cambia la puerta.

Autor desconocido

Me temblaba hasta la última fibra del cuerpo cuando, a los siete años, crucé la Aduana con mi madre embarazada. "Vamos de vacaciones a Miami", la oí explicar, aferrado a su vestido. Sin embargo, yo sabía que jamás volveríamos a casa.

En Cuba, el comunismo estaba ciñendo rápidamente el nudo corredizo al sistema de libre empresa. Mi padre, un empresario de éxito, decidió que era hora de huir con su familia a un país donde aún hubiera libertad, futuro y oportunidades. Ahora comprendo que nunca vi tomar una decisión tan valiente.

Como el régimen de Castro vigilaba a mi padre con mucha atención, fue necesario que mi madre viajara primero con nosotros, los dos hijos varones. Él se reunió con nosotros algunas semanas más tarde. En el Aeropuerto Internacional de Miami quedé sobrecogido. Todo el mundo hablaba en un idioma extraño para mí. No contábamos con dinero ni familia; sólo con lo puesto.

Pocos meses después, la iglesia nos pagó un vuelo a Joliet, Illinois, pasando por el aeropuerto de Chicago. Al salir de la terminal nos saludó una ráfaga helada: corría el invierno de 1961, del que todavía se habla. Ya había caído un metro veinte de nieve; entre los copos llevados por el viento, un joven sacerdote esperaba junto a un gran vehículo, para llevarnos a nuestro nuevo hogar. Todo eso era absolutamente asombroso para un niño cubano que nunca había visto la nieve.

Mi padre, hombre instruido, poseía en Cuba una cadena de gasolineras y una concesionaria de automóviles. Como no sabía hablar inglés, se adaptó rápidamente buscando empleo como mecánico. Gracias a la iglesia de San Patricio, pudimos conseguir un departamento cómodo, aunque pequeño, en un barrio de clase media. No teníamos mucho, pero estábamos juntos, con amor de sobra y con un ardiente deseo de triunfar por parte de mi padre.

Fue entonces cuando papá, con su maltrecho ejemplar de Cómo ganar amigos, de Dale Carnegie, me enseñó una de las grandes lecciones de mi vida. Me dijo mil veces: "Poco importa quién seas, de dónde vengas o cuál sea tu color. Puedes hacer cualquier cosa que te propongas". Esas palabras me dieron consuelo e inspiración para mezclarme, con mi hermano, en el gran crisol de razas que era Chicago.

En la escuela, Ed y yo teníamos dificultades por no dominar el inglés. Era habitual que nos pusieran apodos despectivos, que no nos incluyeran en un equipo o que nos robaran nuestras maltrechas bicicletas, pero las palabras de mi padre seguían ardiendo dentro de mí. También dimos con algunas personas estupendas, que nos ayudaron a superar los obstáculos de la adaptación. Muchas siguen contándose entre mis mejores amigos.

Cuando tenía catorce años, papá ya había empezado a enseñarme el gran principio de la libre empresa. Me daba dieciocho dólares por cada juego de válvulas y filtros que limpiara. Más adelante me enseñó a pagar a otros para que me hicieran el trabajo. Yo salía a buscar nuevos clientes y cobraba las cuentas; básicamente, manejaba el negocio. Ignoraba que estaba aprendiendo a ser empresario. Estados Unidos era, en verdad, un país promisorio.

También tuve la suerte de pertenecer a una familia con talento para la música. Recuerdo las bellas canciones españolas que me cantaba mamá, y que me inspiraron la idea de cantar en el coro de la iglesia. Por la misma influencia, mi hermano Ed organizó una banda de rock. Yo asistía a todos los ensayos y, por la noche, cantaba a dos y tres voces con él y con mamá. Más tarde, gracias a una beca y a lo que ganaba trabajando en una cantera, estudié ópera y música en la Universidad. Tras dos años de estudios, volví a trabajar en la cantera y ahorré para mudarme a California.

Mi objetivo era entrar en el negocio de la música y grabar mis propios discos. La realidad no tardó en imponerse. Tuve que emplearme como promotor de un centro de salud a fin de mantenerme. Me hundí en la depresión. Estaba quebrado y no sabía qué hacer. Entonces conocí a Tom Murphy, uno de los propietarios del centro.

Mi padre siempre me había dicho que, para ser rico, es preciso hacer lo que hacen los ricos. Por lo tanto, pregunté al señor Murphy si podía tomar un café conmigo y explicarme cómo había logrado semejante éxito. Resultó que era socio comercial de Tom Hopkins, uno de los mejores maestros del país en materia de técnicas de venta. Murphy me recomendó que asistiera a los seminarios para vendedores, que leyera libros de autoayuda y escuchara grabaciones sobre técnicas de promoción. También me presentó a muchos empresarios de éxito y me dio a leer el material que ellos publicaban. Yo estaba tan sediento de triunfo que no tardé en ser el mejor promotor de la empresa. Pero con eso no bastaba. Después de reunir hasta el último centavo que pude ahorrar, invertí en un centro de salud propio. Cuando hube terminado era dueño de nueve clubes de salud y gimnasios de deportología en todo el país. Pero aún no había alcanzado mi meta: grabar mi propio disco.

Grabar el primer demo fue estimulante, pero también desalentador. Cada vez que lo presentaba a un sello grabador, se me respondía con la palabra "No". Para no dejarme derrotar, lo grabé en castellano y volví a las mismas grabadoras... con idéntico resultado. Ya a punto de darme por vencido, llamé a mi padre para contarle lo que estaba pasando. Él me dijo: "Omar, financieramente estás muy bien, ¿no?". Le respondí que así era. "Bueno, ¿por qué no compras una de esas compañías y grabas tu propia música?"

Cuando volví a la empresa grabadora que pensaba comprar, pedí a los ejecutivos, una vez más, que grabaran mi música. Lo que deseaba era salvar mi orgullo. Ellos me dijeron: "No podemos ayudarlo, Omar. Vaya a Broadway. Allí tendrá mucho éxito". ¡Les hubieran visto la cara cuando les dije que yo sería el nuevo propietario!

Luego me dediqué a financiar, grabar y producir mi primer álbum en castellano. Desde allí no me detuve hasta ser declarado "Mejor vocalista latino" y "Músico del año" en 1986 y 1987; también gané el CHIN de Plata y el OTTO en 1988.

En la actualidad tengo éxito como orador y preparador de Tom Hopkins International. Para mí es una gran emoción ayudar a otros a que aprendan a buscar la oportunidad de alcanzar sus objetivos. Créanme que mi padre tenía razón: en la vida se puede lograr lo que uno quiera, si se lo propone.

Omar Periu

La mujer que no pudo seguir poniéndose anteojeras

Dios ayuda a los que se ayudan.

Benjamin Franklin

Era una mujer como cualquier otra y su pedido a la Municipalidad no tenía nada de extraordinario. Sin embargo, lo fue, ya que ayudó a cambiar un barrio arruinado y modificó la relación de la ciudad de Roanoke, Virginia, con sus ciudadanos. Es posible que haya influido también en la revinculación del pueblo de Estados Unidos con su gobierno.

Florine Thornhill, de setenta y tres años, no tenía intención alguna de provocar semejante conmoción. Sólo pretendía hacer una pequeña contribución para mejorar la cuadra en la que vivía. Por eso se presentó en la Municipalidad y preguntó a un desconfiado funcionario si podían prestarle una cortadora de césped, a fin de limpiar una parcela abandonada y llena de pasto.

Por años enteros, cuando caminaba por su barrio se ponía anteojeras para no ver la suciedad, las casas medio derruidas, los traficantes de droga y los vagabundos. Un domingo de 1979, mientras iba hacia la iglesia, vio a una mujer inconsciente en una parcela cercana. Dando por sentado que se trataba de una drogadicta, Thornhill siguió caminando. Pero no pudo quitarse a esa mujer de la mente.

Acabó por preguntarse qué pretendía Dios que hiciera. Por fin, al volver a su casa, pidió ayuda a su hijo para llevar a esa mujer a lugar seguro. Nunca supo cómo se llamaba ni por qué estaba inconsciente, pero el episodio le abrió los ojos a la tristeza y la miseria que había evitado ver por tanto tiempo.

Era madre de nueve hijos: uno de ellos, discapacitado mental. Pero decidió hacer lo que pudiera. Solicitó en préstamo esa máquina y limpió el potrero.

Los vecinos pasaron de la curiosidad a la participación. Pronto hubo quince residentes de edad madura o avanzada que dedicaban los fines de semana a recoger los desperdicios y cortar el césped de los terrenos vacíos.

En la Municipalidad, los funcionarios notaron que ese barrio, antes decrépito, estaba ahora reluciente. En 1980 pidieron a Thornhill y a sus vecinos de Gilmer que participaran en un proyecto piloto con tres municipios vecinos. Eso les permitiría colaborar en el establecimiento de objetivos para la ciudad y demostrar a los funcionarios cómo se podían mejorar las zonas urbanas pobres.

El experimento tuvo éxito, gracias a Thornhill y a otras personas tan comunes como ella. En la actualidad hay veinticinco barrios trabajando en ese sistema, destinado a mejorar a Roanoke. Otras ciudades de Virginia han seguido el ejemplo. El modelo de Roanoke se estudia en todo el país, pues los funcionarios del gobierno tratan de que la gente participe. Thornhill y su grupo ganaron, en 1994, el Premio Presidencial a la Actuación de Voluntarios.

Pero Thornhill dijo que la verdadera medida del éxito

no está en el reconocimiento de la Casa Blanca.

Está en los niños que juegan en un parque completamente equipado, allí donde en otros tiempos había un mercado abierto para los traficantes de drogas. Está en las casas que su grupo ha podido comprar y reconstruir, gracias a los subsidios conseguidos con ayuda del Municipio.

Está en los profesionales a los que han logrado atraer nuevamente a Gilmer, gracias a sus préstamos a intereses reducidos. Está en los trabajadores de media jornada que han contratado para organizar las actividades del vecindario y obtener más dinero.

—Es maravilloso ver que los hijos vuelven al hogar— dijo Thornhill—. Sé que a ellos esto les interesa, y que mantendrán en marcha este barrio mucho después de que yo me haya ido.

Toni Whitt

Pide, afirma, actúa

Muchas cosas se pierden porque nadie las pide.

Proverbio inglés

Cuando mi hija Janna estaba en el ciclo básico del secundario, fue aceptada para viajar a Alemania en un plan de intercambio estudiantil. El hecho de que la hubieran elegido para una experiencia tan especial nos pareció estupendo. Pero después la organización de intercambio nos informó que debíamos pagar cuatro mil dólares para cubrir los costos... y que ese pago vencía el 5 de junio. Faltaban dos meses.

Por entonces yo era una divorciada con tres hijos adolescentes. La idea de reunir cuatro mil dólares me pareció absolutamente abrumadora, puesto que apenas podía mantener la casa. No tenía ahorros ni posibilidades de conseguir un préstamo bancario; tampoco contaba con parientes que estuvieran en condiciones de prestarme ese dinero. Al principio me pareció tan imposible como si tuviera que reunir cuatro millones.

Por suerte, poco antes había asistido a un seminario de autoestima. En ese seminario aprendí tres cosas: a pedir lo que uno desea, a afirmar lo que desea y a actuar en aras de lo que desea.

Decidí aplicar esos principios recién adquiridos. Comencé por escribir una afirmación que expresaba: "El 1º de junio recibo gozosamente cuatro mil dólares para el viaje de Janna a Alemania". Puse una copia en el espejo del baño y otra en mi bolso, para verla todos los días. Luego libré un cheque por cuatro mil dólares y lo pegué al tablero de mi auto. Como pasaba mucho tiempo al volante, era un recordatorio visible. Fotografié un billete de cien dólares, lo hice ampliar y lo colgué del techo por sobre la cama de Janna; así sería lo primero que ella vería al despertar, y lo último antes de dormirse.

Janna, típica quinceañera de California, no estaba muy de acuerdo con esas "ideas raras". Después de explicárselas, le sugerí que escribiera su propia afirmación.

Ya estaba afirmando lo que yo deseaba. Ahora necesitaba pedirlo e iniciar la acción correspondiente. Siempre he sido una persona muy independiente, que no busca la ayuda de nadie. Me resultaba muy difícil pedir dinero a familiares y amigos, mucho más a desconocidos. Pero decidí que lo haría. ¿Qué podía perder?

Imprimí un volante con la foto de Janna y una frase suya, expresando por qué deseaba ir a Alemania. Al pie había un cupón que se podía arrancar, para enviarlo por correo con un cheque a nuestra orden, antes del 1º de junio. Pedía contribuciones de cinco, veinte, cincuenta o cien dólares. Hasta dejé un espacio en blanco para que cada uno escribiera la cifra. Envié ese volante por correo a todos los amigos, familiares y conocidos, incluso a aquellos con quienes apenas me trataba. Distribuí volantes en la empresa donde trabajaba. Los envié a los periódicos locales y a la emisora de radio. Busqué las direcciones de treinta organizaciones de beneficencia de nuestra zona y les hice llegar mis impresos. Hasta escribí a las aerolíneas para solicitar un pasaje gratuito a Alemania.

El periódico no publicó ningún artículo y la radio no mencionó el asunto; la aerolínea rechazó mi solicitud. Pero yo seguía pidiendo y despachando volantes. Janna empezó a soñar que recibía dinero de desconocidos.

En las semanas siguientes comenzaron a llegar las contribuciones. La primera fue de cinco dólares. La donación más grande, de ochocientos, fue recolectada entre familiares y amigos. Pero casi todos los aportes eran de veinte o de cincuenta; algunos, de personas conocidas; otros, de gente que nunca habíamos visto.

Janna acabó por entusiasmarse con la idea y a creer que podía hacerse realidad. Un día me preguntó: "¿Te parece que esto dará resultado para conseguir la licencia de conductor?" Le aseguré que sí. Ella lo intentó y obtuvo su permiso.

Hacia el 1º de junio ya habíamos recibido, gozosamente, 3.750 dólares. Estábamos emocionadísimas. Sin embargo, aún no tenía idea de cómo reunir los doscientos cincuenta que faltaban. Restaban cinco días para conseguirlos. El 3 de junio sonó el teléfono. Era una de las organizaciones de beneficencia de la ciudad.

—Ya sé que la fecha ha vencido—dijo la mujer—. ¿Llego demasiado tarde?

—No—le respondí.

—Bueno, nos gustaría mucho ayudar a Janna, pero sólo podemos darle doscientos cincuenta dólares.

En total, Janna obtuvo el respaldo de dos organizaciones y veintitrés personas, que la ayudaron a cumplir su sueño. Durante ese año escribió varias veces a cada uno de esos veinticinco patrocinadores, hablándoles de sus experiencias. A su regreso pronunció un discurso ante dos organismos. Estuvo en Viersen, Alemania, entre septiembre y mayo. Para ella fue una experiencia estupenda, que amplió su perspectiva y le brindó una nueva apreciación del mundo y de su gente. Pudo ver más allá de la estrecha vida californiana en la que se había criado. Desde entonces ha viajado por toda Europa; trabajó un verano en España y otro en Alemania. Terminó sus estudios universitarios con todos los honores y, después de trabajar dos años en un proyecto contra el Sida, en la actualidad está preparando su licenciatura en Salud Pública.

Un año después de ese episodio conocí al amor de mi vida, también mediante el uso de afirmaciones. Nos conocimos en un seminario de autoestima, nos casamos y asistimos a un seminario para parejas, donde formulamos afirmaciones conjuntas. Una de ellas era viajar. En los últimos siete años hemos vivido en varios estados diferentes, incluido el de Alaska; pasamos tres años en Arabia Saudita y en la actualidad vivimos en Oriente.

Mis horizontes, como los de Janna, se han ensanchado. Mi vida es mucho más excitante y maravillosa porque he aprendido a pedir, afirmar y actuar en favor de las cosas que deseo.

Claudette Hunter

Una experiencia transformadora

*He aprendido a usar con muchísima cautela
la palabra "imposible".*

Wernher von Braun

Hace un par de años viví una experiencia que afectó mi sistema de creencias, al punto de alterar para siempre mi visión del mundo. Por entonces yo participaba de una organización para el desarollo del potencial humano, llamada Fuente de Vida. Con otras cincuenta personas, nos habíamos inscripto en un curso de tres meses titulado Programa de Liderazgo.

Mi epifanía se inició en una de las reuniones semanales, cuando los que dirigían el programa nos lanzaron un desafío. Querían que suministráramos el desayuno a mil personas sin hogar, en el centro de Los Ángeles. Es más, teníamos que conseguir ropas para repartírselas. Y lo más importante: todo eso, sin gastar un solo centavo de nuestro propio dinero.

Como ninguno de nosotros conocía el negocio de la alimentación ni había hecho nunca nada parecido, mi primera reacción fue: "Caramba, esto sí que va a ser difícil". Y en ese momento ellos agregaron:

—Una cosa más, muchachos: todo esto debe estar organizado para la mañana del sábado.

Era jueves por la noche. De inmediato cambié mi pronóstico de "difícil" a "imposible". No creo haber sido el único.

A mi alrededor vi cincuenta rostros tan inexpresivos como un pizarrón recién lavado. Ninguno de nosotros tenía la menor idea de cómo empezar, siquiera. Fue entonces cuando ocurrió algo asombroso. Como ninguno estaba dispuesto a admitir que el desafío nos superaba, todos dijimos, con perfecta desenvoltura:

—Bueno. Sí, seguro. No hay problema.

Luego alguien señaló:

—Tenemos que dividirnos en equipos. Necesitamos un equipo que consiga los alimentos y otro para buscar el equipo con qué cocinar.

Otro agregó:

—Yo tengo una camioneta. Podríamos usarla para ir a recoger las cosas.

—¡Estupendo! —gorjeamos todos.

Alguien más apuntó:

—Un grupo tendrá que encargarse de conseguir músicos y recoger la ropa donada.

Cuando quise darme cuenta, ya me habían puesto a cargo del grupo de comunicación.

A las dos de la mañana ya teníamos una lista de todas las tareas que se debían realizar. Después de asignarlas entre los diversos grupos, volvimos a casa para dormir un poco. Recuerdo haber pensado, cuando puse la cabeza sobre la almohada: "Dios mío, no sé cómo vamos a hacer esto... pero nos esforzaremos al máximo hasta el final".

A las seis de la mañana sonó el despertador. Pocos minutos después aparecieron mis dos compañeros de equipo.

Disponíamos de veinticuatro horas exactas para averiguar si podíamos hacer realidad ese desayuno para mil personas sin hogar.

Tomamos la guía telefónica para llamar a todos los que pudieran ayudarnos. Mi primera comunicación fue con la compañía Von. Después de explicar lo que estábamos haciendo, se me dijo que debíamos presentar una solicitud de donación por escrito; la respuesta me llegaría en dos semanas. Expliqué, paciente, que no contábamos con esas dos semanas; la comida debía estar en nuestro poder ese mismo día, de preferencia antes del anochecer. La gerenta zonal prometió llamarme en una hora.

Llamé a Rosquillas Western y presenté mi caso. Para alivio mío, el propietario dijo: "Bueno". ¡Ya contábamos con mil doscientas rosquillas! A continuación fue Granjas Zacky, para ver si conseguíamos algunos pollos y unos huevos, pero en eso noté que tenía una llamada en espera. Uno de los muchachos había conseguido un camión lleno de jugos frescos de zanahoria, sandía y varias frutas más. Eso provocó gritos de júbilo.

La gerente zonal de Von llamó para decirme que nos habían conseguido todo tipo de alimentos, incluidas seiscientas hogazas de pan. Diez minutos después, alguien me informó que teníamos una donación de quinientos sándwiches. En realidad, cada diez minutos llamaba alguien del equipo para anunciar un nuevo logro.

"Caramba—pensé—, ¡a ver si todavía lo conseguimos!"

Ya a medianoche, tras dieciocho horas de trabajo ininterrumpido, me encontré en una panificadora retirando ochocientas rosquillas. Las acomodé con esmero sobre un lado del baúl, dejando lugar para las mil doscientas que debía retirar a las cinco de la mañana.

Después de unas pocas horas de muy necesario descanso, salté a mi auto y recogí las rosquillas faltantes (a esa altura el coche ya olía a panadería). Luego me dirigí al centro de Los Ángeles. Era sábado por la mañana y yo tenía todas las pilas puestas. A eso de las seis menos cuarto, cuando me detuve en el estacionamiento, vi que algunos miembros del grupo estaban instalando parrillas de tamaño industrial. Otros inflaban globos o preparaban las letrinas portátiles (habíamos pensado en todo).

Bajé rápidamente para descargar las rosquillas. Hacia las siete ya se empezaba a formar una fila frente al portón del estacionamiento. A medida que se difundía la noticia por ese barrio, asolado por la pobreza, la fila iba creciendo hasta rodear la manzana.

A las ocho menos cuarto comenzaron a pasar hombres, mujeres y hasta niños pequeños, con los platos colmados de pollo asado caliente, huevos revueltos, panecillos, rosquitas y muchas otras exquisiteces. Más atrás había varias pilas de prendas pulcramente plegadas, que todos arrebatarían antes de que terminara el sábado. Mientras los altavoces del disc jockey atronaban con las conmovedoras palabras de We Are the World, contemplé ese mar de rostros satisfechos, de toda edad y color, que devoraban alegremente sus platos de comida. A las once, cuando se nos agotaron las provisiones, habíamos alimentado a un total de mil ciento cuarenta personas sin hogar.

Los miembros del grupo y los desamparados nos pusimos a bailar al compás de la música, en una gozosa celebración que pareció surgir por sí sola. Durante el baile, dos hombres sin hogar se me acercaron para decirme que ese desayuno era lo mejor que alguien les había dado en su vida; dijeron también que era el primero de ese tipo en el que no había estallado ninguna reyerta. Cuando me estrechó la mano sentí un nudo en la garganta.

Lo habíamos logrado. Acabábamos de alimentar a más de mil desamparados, con menos de cuarenta y ocho horas de plazo para prepararlo todo. Esa experiencia me dejó una profunda huella. Ahora, cuando alguien me comenta que le gustaría hacer algo, pero que le parece imposible, yo me digo: "Sí, te entiendo. Yo también solía pensar así".

Michael Jeffreys

Lo imposible tarda un poco más

No he descubierto a nadie que sepa lo suficiente para determinar con exactitud qué es posible y qué no.

Henry Ford

A los veinte años yo era feliz como nunca. Tenía una gran actividad física: participaba en competencias de esquí acuático y sobre nieve; jugaba al golf, al tenis, al paddle, al básquet y al vóley. Hasta jugaba al bowling en una liga. Corría casi todos los días. Acababa de instalar una empresa constructora de canchas de tenis y mi futuro económico era muy promisorio. Estaba comprometido con la mujer más hermosa del mundo.

Fue entonces cuando sucedió la tragedia. Al menos, algunos la llamarían así.

Desperté con súbito sobresalto, en medio del ruido de metales retorcidos y vidrios rotos. De inmediato todo cesó otra vez. Cuando abrí los ojos, el mundo entero era oscuridad. A medida que recobraba los sentidos comencé a sentir la sangre caliente que me cubría la cara. Luego, el dolor. Era insoportable. Oí voces que me llamaban, pero volví a caer en la inconciencia.

Aquel hermoso atardecer de Navidad había dejado a mi familia en California para viajar a Utah con un amigo. Pensaba pasar el resto de las fiestas con Dallas, mi novia, a fin de resolver los últimos detalles de la boda: nos casaríamos dentro de cinco semanas. Yo estuve al volante durante las ocho primeras horas. Después, como estaba algo fatigado y mi amigo había descansado durante todo ese tiempo, me cambié de asiento y me puse el cinturón de seguridad. Mi amigo partió en la oscuridad. Una hora y media después se dormía al volante. El auto chocó contra una saliente de cemento y, tras volar por encima de ella, dio varios tumbos al costado del camino.

Cuando el coche se detuvo, yo no me hallaba en él. Había sido proyectado del vehículo y yacía sobre el suelo desértico, con el cuello quebrado. Estaba paralizado desde el pecho hacia abajo. En el hospital de Las Vegas, al que llegué en ambulancia, el médico anunció que estaba cuadripléjico: había perdido el uso de las piernas y los pies, de los músculos estomacales y de dos de los tres principales músculos del pecho. También el tríceps derecho y casi toda la fuerza de brazos y hombros. Y perdí por completo el uso de las manos.

Ahí se inició mi nueva vida.

Los médicos dijeron que debía soñar otros sueños y pensar otras cosas. Debido a mi estado físico, no podría volver a trabajar (eso me excitó mucho, en realidad, porque sólo el noventa y tres por ciento de quienes se encuentran en ese estado no trabajan). Me dijeron que no volvería a conducir y que dependería por entero de otros para comer, vestirme y hasta trasladarme. Me recomendaron que no pensara en casarme, pues ¿quién me querría? También llegaron a la conclusión de que no volvería a participar en ningún tipo de actividad atlética ni deportiva. Por primera vez en mi joven vida sentí realmente miedo. Tenía miedo de que todo eso pudiera ser verdad.

Mientras yacía en la cama del hospital, me pregunté adónde habrían ido a parar mis esperanzas y mis sueños. Me pregunté si podría curarme, si podría trabajar, casarme, formar una familia y disfrutar de alguna de todas esas cosas que antes me daban tanta alegría.

En ese crítico período de dudas y temores, mientras el mundo entero parecía oscurecerse, mi madre se acercó para susurrarme al oído:

—Si lo difícil lleva tiempo, Art... lo imposible tarda un poco más.

De pronto, el cuarto a oscuras empezó a iluminarse con la esperanza y la fe de que el mañana sería mejor.

Oí esas palabras hace once años. He llegado a ser presidente de mi propia empresa. Soy orador profesional y tengo una obra publicada: *Algunos milagros llevan tiempo*. Recorro más de trescientos mil kilómetros por año, compartiendo ese mensaje de que "lo imposible tarda un poco más" con distintas empresas, organismos y grupos juveniles; a veces, mi público excede las diez mil personas. En 1992 fui nombrado Joven Empresario del Año en una región de Estados Unidos que abarca seis estados. En 1994, la revista *Success* me honró al considerarme uno de los Grandes Retornos del Año. Todos esos sueños se han convertido en realidad, no a pesar de mis circunstancias, sino quizá gracias a ellas.

He aprendido a conducir. Voy adonde quiero y hago lo que deseo. Soy totalmente independiente y me basto solo. He recuperado la sensación en el cuerpo y, en parte, el uso del tríceps derecho.

Un año y medio después de ese fatídico día, me casé con la misma mujer bella y maravillosa. En 1992, Dallas fue Reina de Belleza de Utah y resultó tercera en el certamen nacional. Tenemos dos hijos: una niña de tres años, llamada McKenzie Raeanne, y un varón de un mes, Dalton Arthur. Los dos nos alegran la vida. También he vuelto al mundo de los deportes. Aprendí a nadar y a bucear. Que yo sepa, soy el único cuadripléjico que navega a vela. Aprendí a esquiar sobre nieve y a jugar al rugby. ¡Qué más daño podría sufrir! También participo en maratones y carreras de diez kilómetros para sillas de ruedas. El 10 de julio de 1993 me convertí en el primer cuadripléjico del mundo que corrió cincuenta kilómetros en siete días, entre Salt Lake City y St. George, Utah; probablemente no haya sido uno de mis logros más brillantes, pero sí uno de los más difíciles.

¿Por qué hice todo esto? Porque hace mucho tiempo decidí escuchar la voz de mi madre y la de mi corazón, en vez del coro negativo que me rodeaba, incluido el de los médicos. Decidí que mis circunstancias actuales no me obligaban a abandonar mis sueños. Busqué motivos para recuperar las esperanzas. Aprendí que las circunstancias externas no pueden destruir un sueño; los sueños nacen en la mente y en el corazón: sólo allí pueden morir.

Porque, si bien lo difícil lleva tiempo, lo imposible sólo tarda un poco más.

Art E. Berg

El día en que conocí a Daniel

La vida abnegada es la única que vale la pena vivir.

Annie Dillard

Todo hombre tiene su propio destino; el único imperativo es seguirlo, aceptarlo, lo lleve adonde lo lleve.

Henry Miller

Confía en Dios de todo corazón y no te apoyes en tu propia inteligencia; reconócele en todos tus caminos y él enderezará tus sendas.

Proverbios 3:5-6

El día era muy frío, a pesar de que estábamos en mayo. La primavera ya había llegado y todo vibraba de color, pero un frente helado del norte había traído otra vez el invierno a Indiana.

Yo estaba sentado con dos amigos ante la gran ventana de un coqueto restaurante, frente a la plaza del pueblo.

Tanto la comida como la compañía eran muy gratas. Mientras conversábamos, algo me llamó la atención al otro lado de la calle. Por allí transitaba un hombre que parecía cargar todos sus bienes terrenales en la espalda. También llevaba un gastado letrero que decía: "Trabajo por la comida".

El corazón me dio un vuelco. Al indicárselo a mis amigos, noté que otros comensales habían dejado de comer para mirarlo. Había meneos de cabeza, con una mezcla de tristeza e incredulidad. Seguimos comiendo, pero la imagen de ese hombre me quedó grabada.

Al salir del restaurante, cada uno se fue por su lado. Como yo tenía varias diligencias que hacer, me puse en marcha de inmediato, pero eché un vistazo hacia la plaza, buscando sin mucho empeño al extraño individuo. Temía verme obligado a hacer algo si lo veía otra vez.

Crucé en auto toda la ciudad sin volver a verlo. Después de hacer algunas compras, subí de nuevo a mi coche. Muy en el fondo, el espíritu de Dios me repetía: "No vuelvas a la oficina sin haber dado una vuelta alrededor de la plaza al menos una vez más".

Por eso, con alguna vacilación, me dirigí de nuevo al centro. Lo vi al girar en la tercera esquina. Estaba de pie en la escalinata de la iglesia, revolviendo su zurrón. Me detuve a mirar, sintiéndome obligado a decirle algo, pese a mis deseos de continuar la marcha. El espacio libre en la esquina parecía una señal de Dios, una invitación a estacionar. Me detuve allí y bajé para aproximarme al visitante más nuevo del pueblo.

—¿Busca al pastor? —pregunté.

—En realidad, no—me dijo—. Sólo estaba descansando.

—¿Ha comido algo hoy?

—Sí, algo, temprano por la mañana.

—¿No le gustaría almorzar conmigo?

—¿Tiene algún trabajo que yo pueda hacer?

—No—respondí—. Vivo en la ciudad y vengo aquí a trabajar, pero me gustaría invitarlo a comer.

—Cómo no—replicó, sonriente.

Mientras recogía sus cosas le hice algunas preguntas superficiales.

—¿Hacia dónde va?

—A St. Louis.

—¿Y de dónde viene?

—Oh, de todas partes. De Florida, en general.

—¿Cuánto tiempo lleva caminando?

—Catorce años—fue la respuesta.

Entonces comprendí que estaba ante una persona excepcional.

Nos sentamos frente a frente en el mismo restaurante que yo había abandonado pocos minutos antes. Tenía el pelo largo y lacio; lucía una barba oscura, bien recortada. Su tez, profundamente bronceada, parecía más envejecida de lo que correspondía a sus treinta y ocho años. Sus ojos eran oscuros pero límpidos, y hablaba con sorprendente elocuencia. Al quitarse la chaqueta dejó al descubierto una remera roja que decía: "Jesús no tiene fin".

Me fue contando su historia. Había pasado por tiempos difíciles desde edad muy temprana. Tomó algunas decisiones incorrectas y tuvo que sufrir las consecuencias. Catorce años atrás, mientras cruzaba el país con su mochila, se había detenido en la playa de Daytona, donde unos hombres estaban armando una gran carpa, para pedirles trabajo. Al ver el equipo de sonido, pensó que se trataría de un concierto. Lo contrataron, pero la carpa no era para un concierto, sino para un servicio religioso. Y durante ese servicio vio la vida con más claridad. Entregó su existencia a Dios.

—Desde entonces nada ha sido igual—confesó—. Sentí

la voz del Señor que me ordenaba seguir caminando, y así lo he hecho en estos catorce años.

—¿Nunca pensó en detenerse?

—Sí, en ocasiones, cuando esto parece acabar con mis fuerzas. Pero Dios me ha hecho oír su llamado. Regalo Biblias. Eso es lo que llevo en el zurrón. Trabajo para pagarme la comida y comprar Biblias, que después distribuyo allí donde Su Espíritu me lleva.

Yo estaba atónito. Mi amigo, el indigente, no era tan indigente. Tenía una misión que cumplir y vivía así por propia decisión. La pregunta me ardió adentro por un instante.

—¿Qué se siente? —pregunté al fin.

—¿Cuándo?

—Al entrar en una ciudad cargando con todas las cosas a la espalda y mostrar su letrero.

—Bueno, al principio era humillante. La gente me miraba fijo y hacia comentarios. Una vez, alguien me arrojó un pedazo de pan a medio comer, haciendo un gesto que no me hizo sentir muy bien recibido, por cierto. Pero luego comprendí, con humildad, que Dios me utilizaba para influir en la vida de otros, para cambiar el concepto que tenía la gente de las personas como yo.

Mi concepto también estaba cambiando.

Al terminar el postre, él recogió sus cosas. Se detuvo en el umbral para volverse hacia mí.

—"Venid, benditos de mi Padre, recibid la herencia del reino preparado para vosotros. Porque tuve hambre y me disteis de comer, tuve sed y me disteis de beber; era forastero y me acogisteis."

Me sentí como si estuviéramos pisando tierra consagrada.

—¿Le vendría bien otra Biblia? —pregunté.

Dijo que prefería determinada traducción, pues resistía

bien los viajes y no era muy pesada. Además, era su favorita.

—La leí catorce veces—dijo.

—No estoy seguro de conseguir una de ésas, pero pasemos por nuestra iglesia. Allí veremos.

Conseguí para mi nuevo amigo una Biblia que se ajustaba a sus necesidades. Se mostró muy agradecido.

—¿Adónde irá ahora? —pregunté.

—Bueno, encontré este pequeño mapa al dorso de una entrada para el parque de diversiones.

—¿Piensa trabajar allí un tiempo?

—No, pero supongo que allí, bajo esa estrella, debe de haber alguien que necesite una Biblia. Así que hacia allí voy.

Sonrió. La calidez de su espíritu refulgía con la sinceridad de su misión. Lo llevé en el auto hasta la plaza donde nos habíamos conocido, dos horas antes. En el trayecto comenzó a llover.

Cuando estacionamos, él descargó sus cosas.

—¿Me firmaría el álbum de autógrafos? —pidió—. Me gusta conservar mensajes de la gente que conozco.

Escribí en su libreta que su entrega al llamado me había conmovido. Lo alenté a mantener esa fuerza. Y me separé de él con un versículo de las escrituras, Jeremías 29:11: "Bien me sé los pensamientos que tengo sobre vosotros, pensamientos de paz y no de desgracia, de daros un porvenir de esperanza".

—Gracias, hombre—dijo—. Ya sé que apenas acabamos de conocernos y que, en realidad, somos dos extraños. Pero te amo.

—Lo sé—dije—. Yo también te amo.

—El Señor es bueno.

—Sí, en efecto. ¿Cuánto hace que no recibes un abrazo?

—Mucho tiempo—reconoció.

En esa transitada esquina, bajo la llovizna, mi nuevo amigo y yo nos abrazamos. Sentí, muy dentro de mí, que algo había cambiado.

Él se cargó las cosas a la espalda, con su conquistadora sonrisa, y me dijo:

—Te espero en la Nueva Jerusalén.

—¡Allí estaré! —fue mi respuesta.

Él reinició su viaje. Se alejó con el cartel y su montón de Biblias bamboleándose en el zurrón. A los pocos pasos giró para decir.

—Cuando veas algo que te haga pensar en mí, ¿me dedicarás una plegaria?

—Por supuesto—le aseguré.

—Que Dios te bendiga.

—Que Dios te bendiga.

Fue la última vez que lo vi.

Esa noche, al salir de mi oficina, el viento arreciaba. El frente frío se había instalado en la ciudad. Bien abrigado, corrí hacia mi auto. Al estirar el brazo hacia el freno de mano, vi un par de gastados guantes de trabajo pulcramente colgados de la barra. Los recogí, pensando en mi amigo. Me pregunté si esa noche podría mantener las manos tibias sin ellos. Y recordé sus palabras: "Cuando veas algo que te haga pensar en mí, ¿me dedicarás una plegaria?".

En la actualidad tengo sus guantes en mi mesa de trabajo. Me ayudan a ver de otro modo el mundo y su gente; me ayudan a recordar esas dos horas pasadas con mi incomparable amigo y a rezar por su ministerio.

—Te espero en la Nueva Jerusalén—me había dicho.

Sí, Daniel. Sé que allí nos veremos.

Richard Ryan

8

SABIDURÍA ECLÉTICA

La sabiduría se obtiene viviendo más que estudiando.

Anónimo

La sabiduría de una simple palabra

*Una sola conversación con un hombre sabio
vale por un mes de estudiar libros.*

Proverbio chino

Es asombroso, pero una sola persona, si sabe expresar
una sola idea en el momento y en el lugar debidos, puede
cambiar el curso de una vida. Esto es justamente lo que
me sucedió cuando tenía catorce años.

Había partido de Houston, Texas, y viajaba "haciendo
dedo" hacia California. Seguía mi sueño caminando con el
sol. Había abandonado el colegio, pues tenía problemas
de aprendizaje, y estaba decidido a practicar surf sobre las
olas más grandes del mundo; primero, en California;
después, en Hawai, donde me radicaría más adelante.

Al llegar al centro de El Paso, vi en una esquina a un
anciano vagabundo. Él me detuvo para interrogarme. Me
preguntó si me había fugado de casa, probablemente
porque le parecí demasiado joven.

—No exactamente, señor—respondí. Mi padre me
había llevado en auto hasta la autopista de Houston, donde
me despidió con su bendición y me dijo: "Es importante ir

tras tu sueño y escuchar lo que te dice el corazón, hijo".

El vagabundo me preguntó entonces si podía invitarme a tomar un café.

—No, señor—respondí—, pero una gaseosa me encantaría.

Entramos en el bar de la esquina, donde nos sentamos en un par de taburetes giratorios a disfrutar de nuestras bebidas.

Después de pasar unos minutos conversando, el cordial vagabundo me indicó que lo siguiera, diciéndome que tenía algo grandioso para mostrarme y compartir conmigo. Caminamos un par de cuadras hasta llegar a la biblioteca pública y nos detuvimos en el pequeño puesto de informaciones. Allí el vagabundo preguntó a la sonriente anciana si tendría la amabilidad de cuidar mis cosas por un momento mientras ambos entrábamos en la sala de lectura. Después de dejar mis pertenencias a la abuela, entré en ese magnífico salón erudito.

El vagabundo me indicó que me sentara ante una mesa y esperara un momento, mientras él buscaba algo especial en las estanterías. Volvió a los pocos segundos, con un par de viejos volúmenes bajo el brazo. Después de ponerlos sobre la mesa, se sentó a mi lado. Comenzó con unas pocas frases, muy especiales, que me cambiaron la vida.

—Hay dos cosas que quiero enseñarte, jovencito. Escúchalas.

"La primera es no juzgar nunca un libro por sus tapas, pues las tapas suelen engañar. Apuesto a que me has tomado por un vagabundo, ¿no?

—Bueno, sí, señor—admití—. Creo que sí.

—Bien, jovencito, te tengo una pequeña sorpresa. Soy uno de los hombres más ricos del mundo. Tengo todo lo que cualquier hombre pueda desear. Provengo del nordeste; allá dejé todo lo que se pueda comprar con dinero. Pero hace un año murió mi esposa, Dios guarde su alma. Y desde entonces he estado reflexionando profundamente sobre la vida. Comprendí que me faltaba experimentar ciertas cosas. Por ejemplo: ignoraba cómo era vivir en la calle, como los vagabundos. Entonces me propuse pasar un año llevando esa vida. Hace un año que voy de ciudad en ciudad, como me ves. Por eso, jovencito, recuerda no juzgar nunca a un libro por sus tapas, pues las tapas pueden engañar.

"La segunda es que aprendas a leer, hijo. Hay una sola cosa que nadie puede quitarte, y es tu sabiduría.

Entonces me tomó la diestra y la apoyó en los libros que había sacado de los estantes. Eran los escritos de Platón y Aristóteles, los clásicos inmortales.

Luego volví con él al puesto de la anciana sonriente y salimos de nuevo a la calle, cerca del sitio donde nos habíamos conocido. Se despidió pidiéndome que no olvidara jamás lo que acababa de enseñarme.

Y no lo he olvidado.

Rdo. John F. Demartini

Los secretos del cielo y el infierno

El anciano monje estaba sentado a la vera del camino, con los ojos cerrados, las piernas cruzadas y las manos en el regazo, sumido en una profunda meditación.

De pronto, la voz áspera y exigente de un guerrero samurai interrumpió su *zazen*.

—¡Tú, anciano! ¡Enséñame qué son el cielo y el infierno!

Al principio el monje no dio señales de respuesta, como si no hubiera oído. Pero poco a poco fue abriendo los ojos; un leve dejo de sonrisa jugaba en las comisuras de sus labios. Mientras tanto, el samurai aguardaba con impaciencia, agitándose más y más con cada segundo transcurrido.

—¿Deseas conocer los secretos del cielo y el infierno? —dijo el monje, por fin—. Tú, que estás tan desaliñado. Tú, que tienes las manos y los pies cubiertos de polvo. Tú, que vas despeinado y con mal aliento. Tú, que cargas una espada herrumbrosa y descuidada. Tú, tan feo, vestido por tu madre de esa manera tan ridícula, ¿tú me preguntas por el cielo y el infierno?

El samurai pronunció una maldición y, desenvainando la espada, la elevó por encima de su cabeza. Se había puesto carmesí; las venas se le marcaron en el cuello en nítido relieve, en tanto se disponía a degollar al monje.

—Eso es el infierno—dijo suavemente el anciano monje, en el momento en que la espada iniciaba su descenso.

En esa fracción de segundo, el samurai quedó sobrecogido de asombro, respeto religioso, comprensión y amor hacia ese ser gentil que había osado arriesgar la vida misma para transmitirle su enseñanza. La espada se detuvo en plena trayectoria y los ojos se le colmaron de lágrimas agradecidas.

—Y eso—dijo el monje—es el cielo.

Rdo. John W. Groff (h.)

El aspecto del coraje

Yo sé cuál es el aspecto del coraje. Lo vi durante un viaje en avión, hace seis años. Sólo ahora puedo contarlo sin que se me llenen los ojos de lágrimas.

Cuando nuestro avión despegó del aeropuerto de Orlando, aquel viernes por la mañana, llevaba a bordo a un grupo elegante y lleno de energía. El primer vuelo de la mañana era el preferido de los profesionales que iban a Atlanta por asuntos de negocios. A mi alrededor había mucho traje caro, mucho peinado de estilista, portafolios de cuero y todos los aderezos del viajero avezado. Me instalé en el asiento con algo liviano para leer durante el viaje.

Inmediatamente después del despegue, notamos que algo andaba mal. El avión se bamboleaba y tendía a desviarse hacia la izquierda. Todos los viajeros experimentados, incluida yo, intercambiamos sonrisas de complicidad. Era un modo de comunicarnos que todos conocíamos esos pequeños problemas. Cuando uno viaja mucho, se familiariza con esas cosas y aprende a tomarlas con desenvoltura.

La desenvoltura no nos duró mucho. Minutos después nuestro avión empezó a perder altura, con un ala inclinada hacia abajo. El aparato ascendió un poco, pero de nada sirvió. El piloto no tardó en hacer un grave anuncio.

—Tenemos algunas dificultades—dijo—. En este momento parece que no tenemos dirección de proa. Nuestros indicadores señalan que falla el sistema hidráulico, por lo cual vamos a regresar al aeropuerto de Orlando. Debido a la falta de hidráulica, no estamos seguros de poder utilizar el tren de aterrizaje. Por lo tanto, los auxiliares de vuelo prepararán a los señores pasajeros para un aterrizaje de emergencia. Además, si miran por las ventanillas verán que estamos arrojando combustible. Queremos tener la menor cantidad posible en los tanques, por si el aterrizaje resulta muy brusco.

En otras palabras, íbamos a estrellarnos. No he conocido un espectáculo más apabullante que el de esos cientos de litros de combustible pasando a chorros junto a mi ventanilla. Los auxiliares de vuelo nos ayudaron a instalarnos bien y reconfortaron a los que ya daban señales de histeria.

Al observar a mis compañeros de vuelo, me llamó la atención el cambio general de semblante. A muchos se los veía ya muy asustados. Hasta los más estoicos se habían puesto pálidos y ceñudos. Estaban literalmente grises, aunque me costara creerlo. No había una sola excepción. "Nadie se enfrenta a la muerte sin miedo", pensé. Todo el mundo había perdido la calma, de un modo u otro.

Comencé a buscar entre el pasaje a alguna persona que conservase la serenidad y la paz que en esos casos brindan un verdadero coraje o una fe sincera. No veía a ninguna.

Sin embargo, un par de filas a la izquierda sonaba una serena voz femenina, que hablaba en un tono absolutamente normal, sin temblores ni tensión. Era una voz encantadora, sedante. Yo tenía que encontrar a su dueña.

A mi alrededor se oían llantos, gemidos y gritos. Algunos hombres mantenían la compostura, pero aferrados a los brazos del asiento y con los dientes apretados; toda su actitud reflejaba miedo.

Aunque mi fe me protegía de la histeria, yo tampoco habría podido hablar con la calma y la dulzura que encerraba esa voz tranquilizadora. Por fin la vi.

En medio de ese caos, una madre hablaba con su hija. Aparentaba unos treinta y cinco años y no tenía rasgo alguno que llamara la atención. Su hijita, de unos cuatro años, la escuchaba con mucho interés, como si percibiera la importancia de esas palabras. La madre la miraba a los ojos, tan fija y apasionadamente que parecía aislada de la angustia y el miedo reinantes a su alrededor.

En ese momento recordé a otra niñita que, poco tiempo antes, había sobrevivido a un terrible accidente de aviación. Se creía que debía la vida al hecho de que su madre hubiera ceñido el cinturón de seguridad sobre su propio cuerpo, con su hija atrás, a fin de protegerla. La madre no sobrevivió. La pequeña pasó varias semanas bajo tratamiento psicológico para evitar los sentimientos de culpa que suelen perseguir a los sobrevivientes. Se le dijo, una y otra vez, que la desaparición de la madre no era culpa de ella.

Rezando por que esta situación no acabara igual, agucé el oído para saber qué decía esa mujer a su hija. Necesitaba escuchar.

Por fin, algún milagro me permitió distinguir lo que decía esa voz suave, segura y reconfortante. Eran las mismas frases, repetidas una y otra vez.

—Te quiero muchísimo. Sabes, ¿verdad?, que te quiero más que a nadie.

—Sí, mami—repuso la niñita.

—Pase lo que pase, recuerda siempre que te quiero. Y que eres buena. A veces suceden cosas que no son culpa de uno. Eres una niña muy buena y mi amor te acompañará siempre.

Luego la madre cubrió con su cuerpo el de su hija, abrochó el cinturón de seguridad sobre ambas y se preparó para el desastre.

Por motivos ajenos a este mundo, el tren de aterrizaje funcionó y nuestro descenso no fue la tragedia que esperábamos. Todo terminó en pocos segundos.

La voz que oí aquel día no había vacilado ni por un instante, sin expresar duda alguna, y mantuvo una serenidad que parecía emocional y físicamente imposible. Ninguno de nosotros, avezados profesionales, habría podido hablar sin que le temblara la voz. Sólo el mayor de los corajes, ayudado por un amor más grande aún, pudo haber sostenido a esa madre y elevarla por sobre el caos que la rodeaba.

Esa mamá me demostró cómo es un verdadero héroe. Y en esos pocos minutos oí la voz del coraje.

Casey Hawley

Un ángel de sombrero rojo

Estaba sentada en una cafetería, frente a la clínica, mortalmente asustada aunque no quisiera admitirlo. Al día siguiente me internaría para someterme a una operación de columna. El riesgo era elevado, pero yo tenía mucha fe. Pocas semanas antes había asistido al entierro de mi padre: la luz que me guiaba había retornado al cielo. "Oh, Padre Celestial, envíame un ángel en este momento difícil", me oí repetir.

Al levantar la vista, dispuesta a retirarme, vi que una dama entrada en años caminaba con paso muy lento hacia la caja registradora. Me detuve tras ella, admirando su buen gusto para la ropa: lucía un vestido a cuadros, rojo y púrpura, un chal adornado con un broche y un sombrero escarlata.

—Disculpe, señora, pero quería expresarle lo hermosa que es. Usted me ha alegrado el día.

Me estrechó la mano, con estas palabras:

—Bendita sea, hija querida. Le diré la verdad: tengo un brazo artificial, una placa en el otro y esta pierna no es mía. Tardo bastante en vestirme. Hago lo posible, pero con el correr de los años a la gente no parece importarle. Hoy usted me ha hecho sentir muy especial. Que el Señor la ampare y la bendiga, pues usted ha de ser uno de sus angelitos.

Dejé que se alejara sin decir palabra. Por el modo en que me había conmovido, sin duda alguna era mi ángel.

Tami Fox

Nunca es demasiado tarde

Hace varios años, en un curso de comunicación, experimenté un proceso muy fuera de lo común. El instructor nos pidió que revisáramos nuestro pasado y anotáramos todo aquello que nos hiciera sentir avergonzados, culpables, pusilánimes o arrepentidos. A la semana siguiente nos invitó a leer las listas en voz alta.

Aunque parecía algo muy íntimo, siempre hay un alma valiente que se ofrece como voluntario. A medida que cada uno leía su lista, la mía seguía creciendo. Al cabo de tres semanas me encontré con ciento un puntos.

Entonces el instructor nos sugirió que buscáramos el modo de pedir perdón o de corregir el mal cometido. Yo dudaba seriamente de que eso sirviera para mejorar mi comunicación; en realidad, me imaginaba ahuyentando a todos los que me rodeaban.

A la semana siguiente, el hombre sentado junto a mí leyó este relato:

Mientras hacía mi lista recordé un incidente en el colegio secundario. Me crié en una pequeña población de Iowa, donde había un comisario, el señor Brown, que a los chicos no nos caía nada simpático. Una noche, mis dos amigos y yo decidimos hacerle una broma pesada. Después de beber unas cuantas cervezas, buscamos una lata de pintura roja y trepamos al gran tanque de agua situado en el centro de la ciudad. Allí escribimos, en letras bien rojas: "El comisario Brown es un h. de p." Al día siguiente la ciudad toda vio nuestro glorioso cartel. En menos de dos horas, el comisario Brown nos tenía a los tres en su oficina. Mis amigos confesaron, pero yo mentí, negando la verdad. Nadie me descubrió jamás.

Casi veinte años después, el nombre del comisario Brown aparece en mi lista. No sabía siquiera si aún vivía. El fin de semana pasado llamé a Informaciones de mi ciudad natal. Aún figuraba un Roger Brown en la guía. Marqué su número. Una voz atendió:

—*¿Hola?*

—*¿Habla el comisario Brown? —pregunté.*

Una pausa.

—*Sí.*

—*Vea, le habla Jimmy Calkins. Quería decirle que fui yo.*

Otra pausa. Luego gritó:

—*¡Estaba seguro!*

Nos reímos con ganas y mantuvimos una conversación muy animada. Al despedirse me dijo:

—*Siempre lo lamenté por ti, Jimmy; porque tus amigos se descargaron, pero yo sabía que tú seguías todavía con eso adentro. Quiero agradecerte que me hayas llamado... por tu propio bien.*

Jimmy me ayudó a solucionar los ciento un puntos de mi lista. Me llevó casi dos años, pero ésa fue la plataforma de lanzamiento y la verdadera inspiración para mi carrera de mediadora. Por muy difícil que sea el conflicto, la crisis o la situación, siempre recuerdo que nunca es demasiado tarde para limpiar el pasado y comenzar a enmendarlo.

Marilyn Manning

La estación

En un rincón del inconsciente guardamos una visión idílica. Nos vemos en un largo viaje a través de todo el continente. Vamos en tren. Por la ventanilla nos bebemos el paisaje: autos en las autopistas cercanas, niños que saludan desde un cruce, vacas que pastan en la colina, humo que brota de una fábrica, surcos y surcos de trigo y maíz, de llanuras y valles, de montañas y sierras, de perfiles urbanos y pequeñas aldeas.

Pero lo que predomina en nuestra mente es el destino final. Cierto día, a cierta hora, entraremos en la estación. Habrá una banda tocando y banderas al viento. Una vez que lleguemos, nuestros sueños maravillosos se harán realidad y las piezas de la vida se unirán como un rompecabezas resuelto. ¡Con cuánta inquietud recorremos los pasillos, maldiciendo los minutos de demora, esperando, esperando llegar a la estación!

"¡Cuando lleguemos a la estación, sucederá!", exclamamos. "Cuando cumpla los dieciocho." "Cuando compre un Mercedes Benz." "Cuando se hayan recibido todos mis hijos." "Cuando haya pagado la hipoteca." "Cuando consiga ese ascenso." "Cuando me jubile, ¡qué feliz voy a ser por el resto de mi vida!"

Tarde o temprano comprendemos que no existe tal estación; no hay un sitio al que llegar de una vez para siempre. El verdadero gozo de la vida está en el viaje. La estación es sólo un sueño. Se aleja de nosotros sin cesar.

"Disfruta el momento" es un buen lema, sobre todo si lo complementas con el Salmo 118:24: "Éste es el día que ha creado el Señor; regocijémonos en él". No son las cargas del hoy lo que enloquece al hombre. Son los arrepentimientos por el ayer y el miedo al mañana. El arrepentimiento y el miedo son ladrones gemelos que nos roban el presente.

Por eso, deja ya de recorrer los pasillos y contar los kilómetros. En cambio, escala más montañas, toma más helado, camina descalzo con más frecuencia, zambúllete en más ríos, contempla más atardeceres, ríe más, llora menos. Es preciso vivir la vida en pleno viaje. La estación llegará demasiado pronto.

Robert J. Hastings

¿Más Sopa de Pollo?

Muchas de las historias y poesías que acabas de leer las escribieron lectores como tú y nos las enviaron luego de haber leído *Sopa de Pollo para el Alma*. Ahora te invitamos a ti también a compartir con nosotros cualquier relato, poema o artículo que creas que podría formar parte de un nuevo volumen de *Sopa de Pollo*. Puede ser un recorte tomado de un periódico local, una revista, una publicación religiosa o el boletín de una empresa. Puede ser un material que recibas por la red de fax, o esa cita preferida que tienes pegada en la puerta de la nevera, un poema que hayas escrito o una experiencia personal que te haya conmovido profundamente.

Nuestra intención es publicar un nuevo libro de *Sopa de Pollo* por año. También queremos preparar ediciones especiales dirigidas a maestros, padres, vendedores, fieles de la iglesia cristiana, adolescentes, deportistas y empresarios, así como una compilación de relatos humorísticos titulada *Sopa de Pollo para divertirse un rato*.

Simplemente envía tus historias favoritas a:
Jack Canfield and Mark Victor Hansen
The Canfield Training Group
P.O. Box 30880
Santa Barbara, CA 93130
Fax: (805) 563-2945

Nos ocuparemos de que el nombre del autor del texto y el tuyo figuren en el libro. Gracias por tu colaboración.

Conferencias, seminarios y talleres: Si nos escribes a la dirección arriba indicada también podrás recibir información sobre nuestras charlas, boletines, libros, casetes, talleres y programas de capacitación.

Ollas de Sopa para el Alma

Uno de los hechos más emocionantes ocurridos a raíz de la publicación de *Sopa de Pollo para el Alma* fue el impacto que causó en indigentes y presos. A continuación presentamos un fragmento de una carta que nos envió un presidiario del Correccional Billerica, en Massachusetts.

Me dieron un ejemplar de Sopa de Pollo cuando asistí a un curso sobre cómo hallar alternativas ante la violencia, de dos meses y medio de duración. Desde que comencé a leerlo, mi perspectiva sobre la relación entre los presos ha cambiado por completo. Ya no soy violento ni siento odio por nadie. Mi alma ha sido bendecida con estas maravillosas historias. No tengo cómo agradecerles.

Atentamente,
Phil S.

Una adolescente nos ha escrito:
Acabo de terminar de leer su libro. Ahora que lo leí, siento que puedo hacer cualquier cosa.
¿Saben? Yo había renunciado a muchos de mis sueños: viajar por el mundo, ir a la universidad, casarme y tener hijos. Pero después de leer el libro, siento que nada es imposible. ¡Gracias!

Erica Lynn P. (14 años).

A raíz de esta repercusión hemos creado **el Plan de Ollas de Sopa de Pollo para el Alma**. Donaremos miles de ejemplares de *Sopa de Pollo para el Alma, Un segundo plato de Sopa de Pollo para el Alma* a hombres y mujeres que se encuentran en cárceles, lugares transitorios, refugios para quienes no tienen hogar y para mujeres maltratadas, lugares donde se han instrumentado planes de alfabetización, escuelas de barrios pobres o programas orientados a adultos y adolescentes que por algún motivo se hallan en situaciones de riesgo.

Tu participación en el proyecto será bienvenida, y podrás colaborar de las siguientes maneras: por cada US$15,95 que contribuyas enviaremos un ejemplar de cada uno de los dos libros ya publicados a una prisión, un refugio u otra institución sin fines de lucro. También te invitamos a enviarnos datos sobre programas y lugares a los que consideres que valdría la pena beneficiar con nuestras donaciones.

La dirección del proyecto estará a cargo de The Foundation for Self-Esteem, en Culver City, California. Los cheques deben enviarse a nombre de:

Soup Kitchens for the Soul
The Foundation for Self-Esteem
6035 Bristol Parkway
Culver City, CA 90230

Te haremos llegar un recibo por las contribuciones recibidas y te comunicaremos adónde fueron enviados los ejemplares que has donado.

¿Quién es Jack Canfield?

Jack Canfield es uno de los expertos más reconocidos en Estados Unidos en el campo del desarrollo del potencial humano y la eficiencia personal. No sólo es un orador dinámico y entretenido sino también un profesor como pocos, con una enorme capacidad para informar y brindar inspiración con el fin de alcanzar niveles superiores de autoestima y rendimiento.

Es autor de varios casetes y videos que tuvieron gran éxito de venta, como por ejemplo *Self-Esteem and Peak Performance* (La autoestima y la excelencia en el rendimiento), *How to Build High Self-Esteem* (Cómo aumentar la autoestima), y *Self-esteem in the Classroom* (La autoestima en el aula). Es un asiduo invitado a programas de televisión como *Good Morning America, 20/20* y *NBC Nightly News*. Ha publicado ocho libros, incluyendo *Chicken Soup for the Soul* (Sopa de Pollo para el Alma), *100 Ways to Build Self-Concept in the Classroom* (Cien maneras de mejorar el concepto de uno mismo en el aula), en colaboración con Harold C. Wells, y *Dare to Win* (Anímate a ganar), en colaboración con Mark Victor Hansen.

Jack ofrece más de cien charlas por año ante grupos muy diversos. Entre sus clientes se encuentran asociaciones de profesionales, consejos escolares, organismos estatales, iglesias, organizaciones de ventas y grandes empresas —entre ellas, American Management Association, AT&T, Sopas Campbell, Clairol, Domino's Pizza, General Electric, ITT Hartford Insurance, Johnson & Johnson, NCR, New England Telephone, Re/Max, Scott Paper, Sunkist, Supercuts, TRW y Virgin Records—. Jack también se desempeña como docente en dos casas de altos estudios empresariales: Income Builders International y Street Smart Business School.

Jack dirige anualmente un Encuentro de Capacitación para Coordinadores de ocho días de duración, en el que se trabajan los temas de la autoestima y la excelencia en el rendimiento. Está destinado a docentes, asesores psicológicos, educadores de padres, capacitadores empresariales, oradores profesionales, sacerdotes y a todos aquellos que estén interesados en desarrollar su capacidad para hablar en público y dirigir seminarios.

Si deseas comunicarte con Jack para recibir mayor información sobre sus libros, casetes y cursos, o fijar una fecha para una presentación personal, comunícate con:

The Canfield Training Group
P.O.Box 30880
Santa Barbara, CA 93130
Llama sin cargo al 1-800-237-8336
o envía tu fax al (805) 563-2945

¿Quién es Mark Victor Hansen?

Mark Victor Hansen es un orador profesional que en los últimos veinte años ha hablado ante más de un millón de personas en treinta y dos países. Ha efectuado más de cuatro mil presentaciones en el campo de la excelencia y las estrategias de ventas, así como la valorización y el desarrollo personal.

Mark ha dedicado su vida a provocar cambios profundos y positivos en la gente. A lo largo de su carrera profesional, brindó inspiración a cientos de miles de personas para forjarse un futuro personal con más fuerza y con objetivos claros, propiciando además la venta de productos y servicios por un valor de muchos millones de dólares.

Ha escrito numerosos libros, entre ellos *Future Diary* (El diario del futuro), *How to Achieve Total Prosperity* (Cómo lograr la prosperidad total), *The Miracle of Tithing* (El milagro del diezmo), y con Jack Canfield, *Dare to Win* (Anímate a ganar), todos los cuales han sido grandes éxitos de venta.

Además de ser conferencista y escritor, Mark cree fervientemente en el poder didáctico de los casetes y videos. Ha producido una colección completa de programas que les han permitido a sus oyentes aprovechar sus propias habilidades innatas en el campo laboral y personal. Gracias a su mensaje se ha convertido en una persona famosa en la radio y la televisión, participando en programas de las cadenas ABC, NBC, CBS, CNN y HBO. Ha aparecido en la tapa de gran cantidad de revistas, entre ellas Success y Changes. La primera de éstas publicó una nota de tapa especial sobre sus realizaciones en el número de agosto de 1991.

Es un gran hombre, con un gran corazón y un gran espíritu... una fuente de inspiración para quienes procuran mejorarse a sí mismos.

Puedes comunicarte con él escribiéndole a: 711 W. 17th Street, #D2, Costa Mesa, CA 92627, o por teléfono al 714-759-9304 (si llamas desde fuera del estado de California, hazlo al 800-433-2314).

Colaboradores

Muchos de los relatos de este libro fueron tomados de libros y revistas. Estas fuentes están reconocidas en la sección de las "Autorizaciones". Otros fueron colaboraciones de amigos que son conferencistas como nosotros. Si desea ponerse en contacto con ellos para obtener información sobre sus libros, grabaciones y seminarios, es posible hacerlo en las direcciones y números de teléfono que figuran a continuación.

Algunas historias han sido contribuciones de lectores que, después de leer nuestros dos primeros volúmenes, se sintieron motivados para presentar sus propias experiencias de vida. También hemos incluido información acerca de ellos.

El Dr. Richard R. Abrahamson es profesor de Literatura para Niños y Adolescentes en el Colegio de Educación de la Universidad de Houston. Ha escrito más de cien artículos sobre los libros infantiles y la motivación para la lectura, y ganó el Premio a la Excelencia en Periodismo Educacional, otorgado por la Asociación de Prensa Educativa. Es consultado a menudo por los distritos escolares y actúa como conferencista en congresos sobre alfabetización y motivación para la lectura.

M. Adams nació en Rusia y emigró al Canadá en 1924, junto con sus padres y la mayor parte de su familia. Tiene siete hijos: seis mujeres y un varón. Su difunto esposo combatió en las dos Guerras Mundiales. Es afecta a ayudar al prójimo y ha actuado como voluntaria en hospitales de veteranos de guerra. Vive en Manitoba, donde disfruta del amor y el apoyo de su familia.

Thea Alexander es autora de *2150 A.D.* y *Macro Philosophy*, dos libros que han cambiado la vida a millones de lectores, al igual que los siete volúmenes publicados en su *Macro Study Series*. Distinguida en *Marquis Who is Who (el libro de Quién es quién)* por su obra en favor de un mundo mejor, Thea ha dado conferencias en todo el mundo; escribe una columna en un periódico y ha dirigido dos series televisivas de entrevistas. Después de formarse como consejera psicológica, ideó una técnica nueva y única (que requiere de dos a seis horas) para ayudar a que la gente haga realidad su potencial; se denomina

Preceptoría de la Evolución Personal; además de utilizarla, ella enseña a otros su aplicación.

Robert G. Allen, autor de *Nothing Down,* colosal éxito de librería que ocupó el primer puesto en la lista del *New York Times, y de Creating Wealth,* es uno de los asesores financieros más influyentes de los Estados Unidos. En la actualidad, miles de millonarios atribuyen su éxito a las potentes ideas de Allen. Es un invitado habitual de la televisión y la radio. Vive en San Diego, California, con su esposa Daryl y sus tres hijos.

Art E. Berg es presidente de Invictus Communications, Inc., y reside en Highland, Utah. Trabaja como conferencista profesional y recorre hasta trescientos mil kilómetros por año. Más de un millón de personas lo han escuchado. Es autor de dos libros: *Some Miracles Take Time y Finding Peace in Troubled Waters.*

El padre Brian Cavanaugh comenzó a coleccionar citas, anécdotas y relatos como terapia. De ese modo ha recopilado más de cuarenta diarios manuscritos. Aprovechando ese material escribe *Apple Seeds,* un boletín mensual de citas sobre motivación e inspiración. Estos diarios también originaron cuatro libros publicados por Paulist Press: *The Sower's Seeds: One Hundred Inspiring Stories for Preaching, Teaching and Public Speaking; More Sower's Seeds: Second Planting; Fresh Packet of Sower's Seeds: Third Planting y Sower's Seed Aplenty: Fourth Planting.* El padre Brian da conferencias sobre relatos motivacionales e inspiradores.

Alan Cohen ha aportado profunda energía al despertar espiritual con sus diez libros populares sobre la inspiración, entre los que se incluye el clásico *The Dragon Doesn't Live Here Anymore* y su reciente best-seller *I Had It All The Time.* Alan enseña a aplicar los principios espirituales a la vida práctica. Su columna From the Heart aparece en revistas internacionales acerca de las nuevas ideas.

James E. Conner, experto en educación, es presidente de Possibilities Unlimited. Después de una activa carrera como maestro, director, profesor universitario y rector, es actualmente escritor independiente.

Valerie Cox es autora de *Valerie's Verses,* una colección de originales poemas humorísticos e inspiradores; también tiene obras en prosa y quintillas jocosas. En la actualidad trabaja en un segundo libro, *Hugs and Other Works of Heart.* Junto con Rich, su esposo, dirige seminarios de comercialización.

También suele dirigir coros en dos hogares de enfermos.

Kathi M. Curry tiene una licenciatura en Administración Recreativa de la Universidad de Chico, California. El 15 de abril de 1996 realizó el sueño de su vida: participar en la centésima Maratón de Boston. Se ha trasladado desde Hawai a Pleasant Hill, California.

Beth Dalton es maestra de tercer grado en Cookeville, Tennessee. Está casada y tiene dos hijos (Ryan, de quince años, y Billy, de once), además de Tanner, un ángel especial. Es licenciada en Ciencias Comerciales de la Universidad Tecnológica de Tennessee y también en Educación.

El padre John Demartini es investigador, escritor y filósofo; sus estudios lo han convertido en un importante asesor de desarrollo personal, filosofía y salud. Tiene la capacidad innata de motivar y entusiasmar al público con disertaciones amables, entretenidas e informativas, que mezclan la anécdota con la sabiduría y la inspiración. El padre Martini trabaja como asesor de personas que pertenecen a todos los sectores sociales, desde financistas de Wall Street hasta políticos, estrellas de Hollywood y personalidades del deporte.

Stan Frager es un orador profesional de motivación que ha dado maravillosas charlas a alumnos, padres y corporaciones. Es autor de *The Champion Within You*.

Robert Gass tiene un doctorado en Educación; sintetiza antecedentes diversos en psicología humanista, negocios, activismo social, música, asistencia al enfermo terminal y estudios espirituales. Es creador de los conocidos talleres llamados *"Opening the Heart"*. En sus seminarios sobre liderazgo, sanación, eficacia personal, relaciones personales y espiritualidad han participado más de cien mil personas. En su carácter de consultor organizativo, ha trabajado en los planos más elevados de las quinientas empresas principales de *Fortune*, así como con organismos gubernamentales y grupos activistas sin fines de lucro. Como compositor, instrumentista y cantante, ha grabado veinte álbumes de música transformativa con su grupo On Wings of Song. Robert tiene un hogar feliz con Judith, su esposa, y sus tres hijos, en Boulder, Colorado.

Lynne C. Gaul, que trabaja full-time como chofer, instructora, asesora financiera, ingeniera, enfermera y directora ejecutiva de la familia Gaul (alias "Mami"), se crió en Curwensville, Pennsylvania; se recibió de bachiller en

Comunicación en la Universidad de Indiana y actualmente disfruta de la vida con Tom, su esposo, y sus dos hijos, Joshua y Stephen, en Lancaster, Ohio.

Barbara A. Glanz, autora de fama internacional, oradora y asesora en Comunicación Creativa, es presidente de Barbara Glanz Communications y autora de varios libros sobre técnicas de venta.

Casey Hawley organiza seminarios de Redacción Empresaria para Georgia Pacific, Equifax y otras empresas de primera línea. También es una de las escritoras más reconocidas del país en cuestiones comerciales. Su empresa de Marietta, Georgia, acaba de organizar un seminario poderoso y emotivo, titulado "Amistades, cambio y triunfo", que conmueve por sus profundos relatos, su humor y su aliento.

Cindy Dee Holms es licenciada en educación, oradora profesional, instructora y asesora sobre problemas vinculados con el Sida, y ha dado seminarios para miles de alumnos, padres y maestros. Hace quince años, además de trabajar como profesora de biología y consejera escolar, sin dejar de atender a sus dos hijos, Cindy comenzó a colaborar con su esposo, que es médico, en la atención de la salud. Presentó programas sobre prevención de enfermedades, destacando especialmente la parte pediátrica del Sida. En la actualidad trabaja para la Unidad Intermedia del Condado de Delaware, Pennsylvania, donde es especialista en HIV y coordinadora de educación para la prevención de la drogadicción y el alcoholismo. Recientemente ha escrito un alentador cuento infantil sobre el HIV titulado *"Red Balloons Go to Heaven"*.

Janice Hunt es psicopedagoga en California y Hawai desde hace veinte años. Ha recibido reconocimiento nacional por su actividad artística en acuarela y dibujo. Inspirada en su hijo, Court, y su amigo, Wesley, escribió *"No te preocupes, todo saldrá* bien", su primera obra publicada.

D. Trinidad Hunt es entrenadora, oradora, escritora y docente. En los tres últimos años ha entrenado a más de cuarenta mil niños mediante un programa humorístico de autoayuda que escribió y produjo con el actor Frank Delima para el sistema escolar estatal de Hawai. Su último libro es *Operator's Manual for Planet Earth, de Hyperion Press*.

Claudette Hunter asistió, hace más de diez años, a su primer seminario de autoestima. Los principios que allí aprendió le cambiaron la vida. Trabajó por cinco años con Jack Canfield, como ayudante de sus seminarios. En ellos encontró también al "amor de su vida", su esposo Jim, con quien corre aventuras por el mundo. Actualmente colabora en los talleres de trabajo STAR de Canfield, en Arabia Saudita, donde vive desde hace tres años. Su próximo objetivo es desarrollar los STAR en Japón.

Michael Jeffreys es orador motivacional y autor de cuatro libros, incluido *America's Greatest Speakers Reveal Their Secrets*, en el cual entrevista a los veinticuatro máximos oradores del país.

Rud Kendall nació en Winnipeg, Manitoba. Pasó muchos años conduciendo un camión a través de los más escabrosos territorios del norte de Canadá. También trabajó como obrero en campos petrolíferos, en minas y en diversos grandes proyectos de construcción; fue contramaestre de la Royal Canadian Navy. Después de trabajar como periodista en Dawson Creek, B.C. (Milla 0 de la famosa Autopista de Alaska), se convirtió en escritor independiente. Hoy es propietario de una pequeña empresa de comunicaciones con sede en Langley, B. C. (Canadá).

Casey Kokoska vive en Rosenberg, Texas. Aunque sólo tiene dieciséis años, ha escrito varios cuentos. Sus pasatiempos son escribir y actuar. Ha ganado varios premios y becas por sus actuaciones en concursos de oratoria y debates. Espera graduarse en artes teatrales y está escribiendo su primera novela, con el propósito de convertirse en una escritora muy vendida y en actriz.

Kathy Lamancusa es una dinámica oradora profesional y escritora y una personalidad de la televisión. Todos los años hace viajes por el país y el extranjero, en los que influye creativamente en la vida de quienes componen su auditorio. Se han vendido más de un millón de ejemplares de sus libros y videos en todo el mundo. Kathy redacta columnas para revistas de consumidores.

Michelle Lawrence es publicista especializada en Relaciones Públicas. Trabaja con una variedad de clientes y agencias del sur de California y de todo Estados Unidos. Vive feliz con su esposo Ron, poeta y ejecutivo de publicidad, y con sus dos hijos maravillosos Almierose y Dylan, en Bel Air, California.

Patricia Lorenz es escritora inspiracional, columnista, profesora de redacción y oradora. Cuatrocientos relatos y artículos suyos han aparecido en más de setenta publicaciones.

Julie A. Manhan nació en Reno, Nevada, y es regente del Departamento de Teología, ministra del recinto y directora de retiros de St.Vincent de Paul, escuela secundaria de Petaluma, California. Se ha graduado en la Universidad de Seattle. Ha enseñado en todos los niveles, desde preescolar hasta la universidad, y lo que más le gusta es trabajar con adolescentes. Sus cuentos son parte integral de su trabajo de enseñanza y retiros.

Marilyn Manning tiene un doctorado en Filosofía; es oradora internacional, entrenadora y mediadora en conflictos. Ha escrito cinco libros, de los cuales uno fue traducido a seis idiomas. La doctora Manning diserta sobre el manejo de los conflictos y el cambio, y sobre la reorganización de equipos. Desde hace dieciséis años dirige su propia firma consultora y ha sido presidenta de la National Speakers Association, California del Norte.

Elaine McDonald, ex periodista y madre de dos hijos, es actualmente abogada en Des Moines, Iowa.

Robert J. McMullen (h.) es ministro presbiteriano retirado. Después de actuar como piloto en la Segunda Guerra Mundial en misiones a Alemania, ofició en iglesias de Virginia Occidental, los suburbios de Washington, Atlanta y Charlotte. Él y su esposa Becky tienen tres hijos, uno de ellos afectado de parálisis cerebral. Además de enseñar y predicar ocasionalmente, ha escrito para diversos periódicos.

David Naster es un comediante de fama nacional. Despliega su innegable habilidad para el humor ante personas de todas los edades y gustos; se presenta con frecuencia en importantes cadenas de televisión y en giras nacionales. David viaja por todo el mundo difudiendo su programa especial sobre el sentido del humor. Su pasión más reciente es escribir cuentos infantiles, que pronto publicará.

Omar Periu es un exitoso orador público, entrenador, hombre de negocios, ejecutivo de ventas y actor, además de grabar discos. Se convirtió en millonario a los treinta y un años. Ha entrenado a cientos de miles de vendedores, gerentes, empresarios y ejecutivos.

Barbara Rogoff es escritora, cocreadora de "Hacia el triunfo, más allá de la supervivencia", un taller para adultos sobrevivientes de abusos. Con su socia, la doctora Patricia Bell, ha sido invitada a entrenar a otros terapeutas, utilizando sus técnicas experienciales, en el Congreso Mundial de Logoterapeutas de Dallas. En la actualidad se desempeña en prisiones, en las que ha incorporado algunos de esos métodos para ayudar a los internos a lograr su libertad como personas. Vive en Stilwell, Kansas, con su esposo Gary.

David Roth es cantante y compositor, humorista y anfitrión de conferencias; ha grabado cinco álbumes y escrito obras de teatro *(Viñas de Ira)*. Su canción *"Rising in Love"* fue ejecutada en el centésimo aniversario del Carnegie Hall. La historia de Manuel García fue publicada por William Janz en el *Milwaukee Sentinel*; en su versión cantada, figura en el primer disco de David.

Richard Ryan es pastor, actor y escritor inspiracional. Tiene discos grabados y ha ganado premios como vocalista; es director del conjunto vocal One Voice; viaja con frecuencia, solo o en grupo, para dar conciertos como parte de su ministerio. Su relato "El día en que conocí a Daniel" ganó el primer premio de la revista *The Christian Reader* en el Concurso Literario de 1995. Vive con su esposa Cathy y sus tres hijos en New Albany, Indiana.

Dan Shaeffer es padre de Andrew, Christi y Katie. Sus trece años de matrimonio con Annette han sido, según él, los mejores de su vida. Es pastor de la Iglesia Evangélica Libre de Foothills en Rancho, Santa Margarita, California. Es autor de varios libros inspiradores.

Peter Spelke es un aventurero, un verdadero indagador espiritual y un orador inspiracional. Además de sus actividades empresariales, hace obra social voluntaria dando de comer a los desamparados y trabajando con los internos del sistema federal penitenciario.

El Dr. Roger William Thomas ha sido ministro predicador de la Primera Iglesia Cristiana desde 1993. Nació en el condado de McLean, Illinois. Se graduó en el Lincoln Christian College and Seminary. Su doctorado eclesiástico es del Northern Baptist Theological Seminary. Se ha desempeñado como predicador, ministro universitario y profesor de estudios bíblicos en Illinois, Missouri y Oklahoma. También es autor de seis libros y cientos de artículos sobre diversos temas relacionados con las escrituras y la fe cristiana.

Renee R. Vroman vive en Vancouver, Washington; está casada desde hace veintiséis años y es madre orgullosa de tres hijos: Jay, Trent y Trevor. Tras ayudar a costear los estudios de su esposo y sus hijos, decidió estudiar también ella; en la actualidad cursa el último año de la Universidad de Washington, con especialización en psicología. "El regalo" es su primera obra publicada.

Angie K. Ward-Kucer es operadora en jefe del Sarpy County E-911 Center. Vive con su esposo, John Andrew, en Papillion, Nebraska. "El mejor papá del mundo" es su primer cuento, escrito como homenaje a su difunto padre, Thomas Wesley Ward, para que otros padres puedan aprender de sus simples actos de amor y darse cuenta de que, aun cuando sus hijos se convierten en adultos, necesitan de su papá.

Bettie B. Youngs nació en una granja de Iowa; en la actualidad reside en California y es ciudadana del mundo. Su pasión es aumentar nuestro sentido de la importancia de la familia como manera de realzar el valor, el propósito y el sentido que damos a la vida. Bettie es oradora profesional, asesora de padres, escuelas y organizaciones; ha escrito doce libros, publicados en veinticuatro países.

Autorizaciones

El ensayo de Tommy. Reproducida con autorización de Jane Lindstrom.©1975 Jane Lindstrom.

Rosalma. Reproducida con autorización de Michelle Lawrence.©1995 Michelle Lawrence.

Por qué llevo un dinosaurio de plástico. Reproducida de *Pursuit Magazine* con autorización de Dan Schaeffer.©1993 Dan Schaeffer.

El mejor papá del mundo. Reproducida con autorización de Angie K. Ward-Kucer.©1995 Angie K. Ward-Kucer.

Un simple trabajador. Reproducida con autorización de International Union of Operating Engineers.

Gratis. Reproducida con autorización de M. Adams.©1995 M. Adams.

Qué significa ser adoptado. Reproducida de *The Best of Bits & Pieces* con autorización de The Economics Press.©1994 The Economics Press.

Reunión de ex alumnas. Reproducida con autorización de Lynne C. Gaul.©1995 Lynne C. Gaul.

El regalo. Reproducida con autorización de Renee R. Vroman.©1995 Renee R. Vroman.

A la maestra de primer grado de Beth. Reproducida con autorización de Dick Abrahamson.©1984 Dick Abrahamson.

Fe, esperanza y amor. Reproducida con autorización de Peter Spelke. ©1995 Peter Spelke.

Los zapatos. Reproducida con autorización de The National Education Association, dirección de Paul E. Mawhinnez, División de Educación y Psicología, Southeast Missouri State College, Cape Girardeau, Missouri.©1966, *NEA Journal.*

El Bocha. Reproducida con autorización de Larry Terherst.©1995 Larry Terherst.

Huellas en mi corazón. Reproducida con autorización de Laura D. Norton.©1995 Laura D. Norton.

La grulla dorada. Reproducida de *Mature Outlook* con autorización de Patricia Lorenz.©1994 Patricia Lorenz.

La última carta de un camionero. Reproducida con autorización de Rud Kendall.©1983 Rud Kendall.

Por amor a un hijo. Reproducida con autorización de Thea Alexander. ©1995

Thea Alexander.

El último baile. Reproducida con autorización de Rick Nelles.©1995 Rick Nelles.

Mi papito. Reproducida con autorización de Kelly J. Watkins.©1995 Kelly J. Watkins.

¿Adónde van los gorriones cuando mueren? Reproducida con autorización de Casey Kokoska.©1995 Casey Kokoska.

Vísteme de rojo, por favor. Reproducida con autorización de Cindy Dee Holms.©1995 Cindy Dee Holms.

No te preocupes, todo saldrá bien. Reproducida con autorización de Janice Hunt.©1995 Janice Hunt.

El eterno optimista. Reproducida con autorización de Beth Dalton. ©1995 Beth Dalton.

Para que me recuerden. Reproducida con autorización de Andre Test.©Robert N. Test.

Quédate con el tenedor. Reproducida con autorización de Roger William Thomas.©1994 Roger William Thomas.

En el cielo no hay sillas de ruedas. Reproducida con autorización de D. Trinidad Hunt.©1995 D. Trinidad Hunt.

El ladrón de bollos. Reproducida con autorización de Valerie Cox. ©1993 Valerie Cox.

¿Usted es rica, señora? Reproducida de *The Bigness of the Fellow Within* por el Dr. B. J. Palmer con autorización del Palmer College of Chiropractic.

Una flor en el pelo. Reproducida con autorización de Bettie B. Youngs. ©1995 Bettie B. Youngs.

Avalancha. Reproducida con autorización de Robert G. Allen.©1995 Robert G. Allen.

Tú muy buena, tú muy rápida. Reproducida con autorización de Kathi M. Curry.©1995 Kathi M. Curry.

El accidente. Reproducida con autorización de Robert J. McMullen (h.) ©1995 Robert J. McMullen (h.) .

De la boca de un niñito. Reproducida con autorización de Elaine Mc Donald.©1995 Elaine McDonald.

El gran valor del desastre. Reproducida de *The Sower's Seeds* con autorización

Inspiración para la Mujer

#1 New York Times
E X I T O S O S

Jack Canfield, Mark Victor Hansen
Jennifer Read Hawthorne
& Marci Shimoff

Sopa de Pollo para el Alma de la Mujer

Relatos que conmueven los
corazones y ponen fuego en
los espíritus de las mujeres

Disponible en todas las librerías,
o llamando al 1-888-880-SOPA (1-888-880-7672)
Code 519X $12.95
A partir de diciembre de 1997

Inspiración

Code 3537.....$12.95

Code 5025.....$12.95

Disponible en todas las librerías,
o llamando al 1-888-880-SOPA (1-888-880-7672)